INHALT

1. FRIEDRICH DÜRRENMATT – LEBEN UND WERK

1.1 Daten zur Biografie

(Quelle: Friedrich Dürrenmatt, Gesammelte Werke in sieben Bänden. Chronik)

1921	5. Januar: Friedrich D. in Konolfingen, Kanton Bern, geboren. Eltern: Reinhold D., protestantischer Pfarrer, Hulda D. geb. Zimmermann.
	Großvater: Ulrich D., Berner Nationalrat, Redakteur einer Zeitung, Verfasser satirischer Gedichte
1933 bis 1935	Sekundarschule im Nachbardorf Großhöchstetten
1935	Umzug nach Bern, Vater wird Pfarrer am Diakonissenhaus, zunächst Schüler am Freien Gymnasium, nach zweieinhalb Jahren Wechsel an das Humboldtianum
1941	Maturität; Studium: 1941/42 Literatur und Philosophie in Bern, 1942/43 Philosophie in Zürich, 1943-1945 Philosophie in Bern. Studien über Kant, Aristoteles, Plato, Kierkegaard. Liest griechische Tragiker, Aristophanes, Shakespeare, Kafka, Jünger, Wedekind; besonderes Interesse für G. E. Lessing
1943	erste schriftstellerische Versuche
1945	erste Publikation einer Erzählung (Der Alte) in der „Berner Tageszeitung"
1946	Heirat mit der Schauspielerin Lotti Geißler

1947	Umzug nach Basel; Geburt des Sohnes Peter; Theaterkritiken für die Berner Zeitung „Die Nation"; Preis der „Welti-Stiftung für das Drama" wird verliehen für das am 19. April im Schauspielhaus Zürich uraufgeführte Drama *Es steht geschrieben*
1948	Umzug nach Ligerz am Bielersee; Sketchs für das Zürcher „Cabaret Cornichon"
1949	Geburt der Tochter Barbara; Oktober: erste Dürrenmatt-Aufführung in Deutschland mit *Romulus der Große* in Göttingen
1950	D. schreibt in Fortsetzungen seinen ersten Kriminalroman **Der Richter und sein Henker** für die Zeitschrift „Der Schweizerische Beobachter"
1951	Geburt der Tochter Ruth; Theaterkritiken für die „Züricher Weltwoche" (bis 1953); zweiter Kriminalroman **Der Verdacht**
1952	Umzug ins eigene Haus in Neuchâtel; erste Dürrenmatt-Aufführung in einer fremden Sprache: Les Fous de Dieu (Es steht geschrieben) im Pariser Théâtre des Mathurins; neun Prosastücke erscheinen als Sammelband *(Die Stadt)*
1954	Literaturpreis der Stadt Bern für *Ein Engel kommt nach Babylon*
1956	Uraufführung des Erfolgsstückes *Der Besuch der alten Dame* im Schauspielhaus Zürich am 29. Januar mit Therese Giehse in der Titelrolle und Gustav Knuth als Ill; im Oktober inszeniert D. selbst das Stück in Basel
1957	Hörspielpreis der Kriegsblinden für *Die Panne*

1958	Prix Italia für *Abendstunde im Spätherbst;* Literaturpreis der „Tribune de Lausanne" für *Die Panne*
1959	April/Mai: Reise nach New York; 9. November: Schillerpreis in Mannheim, D. hält den Vortrag *Friedrich Schiller;* Preis zur Förderung des Bernischen Schrifttums für *Das Versprechen*
1960	Reise nach London; 4. Dezember: Großer Preis der Schweizerischen Schillerstiftung
1961	Reise nach Berlin
1964	Juni: Reise in die ehem. Sowjetunion auf Grund einer Einladung zur Gedenkfeier aus Anlass des 150. Geburtstages des ukrainischen Nationaldichters Schewtschenko; in Bochum inszeniert D. zusammen mit Erich Holliger eine Neufassung von *Frank V.,* die Arbeit wird jedoch vor der Premiere abgebrochen
1967	Mai: Reise zum 4. sowjetischen Schriftstellerkongress in Moskau
1968	Januar: *Monstervortrag über Gerechtigkeit und Recht* vor Studenten in Mainz; Beginn der Theaterarbeit in Masel mit Düggelin; Grillparzer-Preis der Österreichischen Akademie der Wissenschaften
1969	April: Erkrankung Dürrenmatts und Differenzen mit der Direktion stören die Baseler Theaterarbeit; Oktober: D. beendet das „Basler Experiment"; 25. Oktober: Großer Literaturpreis des Kantons Bern; November: Ehrendoktor der Temple University, Philadelphia; von November bis Januar 1970: Rei-

se nach Philadelphia, Florida, zu den Maya-Ausgrabungsstätten in Yukatan, den Karibischen Inseln, nach Jamaika, Puerto Rico, New York; Mitherausgeber (bis 1971) der neuen Züricher Wochenzeitung „Sonntags-Journal"

1972	D. lehnt die Berufung zum Direktor des Zürcher Schauspielhauses ab
1974	Ehrenmitgliedschaft der Ben-Gurion-Universität, Beerschewa (Israel); D. dankt mit der Rede *Zusammenhänge*
1975	Vortrag gegen die antiisraelische Resolution der UNO, anlässlich der PEN-Tagung in Wien vom 14.-20. November
1976	November: Reise nach Wales zur Entgegennahme des Welshs Arts Council International Writers Prize 1976
1977	6. März: Verleihung der Buber-Rosenzweig-Medaille des deutschen Koordinationsrats der Gesellschaften für christlich-jüdische Zusammenarbeit in der Paulskirche Frankfurt a. M.; D. hält die Rede *Über Toleranz*
	17. November: Ehrendoktor der Université de Nice;
	26. November: Ehrendoktor der Hebräischen Universität Jerusalem
1979	19. Juni: Großer Literaturpreis der Stadt Bern
1980	Dezember: Werkausgabe in 30 Bänden, Diogenes-Verlag Zürich

1981	5. Januar: 60. Geburtstag, Ehrendoktor der Universität Neuchâtel; 10. Januar: Festakt im Schauspielhaus Zürich, Würdigung durch den schweizerischen Bundespräsidenten Kurt Furgler; März bis Juni: „Writer in Residence" an der University of Southern California, Los Angeles; 23.-25. April: Internationales Dürrenmatt-Symposium, Los Angeles; November: Weinpreis für Literatur der edition text + kritik, Göttingen
1983	16. Januar: Tod der Ehefrau Lotti D. geb. Geißler; 20. März: Österreichischer Staatspreis für Europäische Literatur; 29. April: Ehrendoktorwürde der Universität Zürich; November: Reise nach Griechenland; Dezember bis Januar 1984: Reise nach Südamerika
1984	28. Februar: Carl-Zuckmayer-Medaille des Landes Rheinland-Pfalz; 1984; 8. Mai: Heirat mit der Filmemacherin, Schauspielerin und Journalistin Charlotte Kerr; 16. November: Vortrag *Kunst und Wissenschaft* an der Johann-Wolfgang-Goethe-Universität in Frankfurt
1985	7. September bis 19. Januar 1986: Ausstellung Friedrich Dürrenmatt, Das zeichnerische Werk, im Musée d'Art et d'Histoire Neuchâtel;
	4. Oktober: Bayerischer Literaturpreis (Jean-Paul-Preis); November: Reise nach Ägypten.
1986	September: Reise nach Sizilien zur Entgegennahme des Premio Letterio internationale Mondello für *Justiz;* 10. Oktober: Verleihung des Georg-Büchner-Preises der Deutschen Akademie für Sprache und Dichtung im Großen Haus des Staats-

theaters Darmstadt; Rede: *Georg Büchner und der Satz vom Grunde;* 10. November: Verleihung des Ehrenpreises des Schiller-Gedächtnispreises 1986 des Landes Baden-Württemberg im Neuen Schloss, Stuttgart; Rede: *Das Theater als moralische Anstalt heute*

1987   14.-16. Februar: Reise nach Moskau zum Friedensforum „Für eine atomfreie Welt, für das Überleben der Menschheit"; März: Internationaler Preis für Humor und Satire in der Literatur „Hitar Petar"

1988   17. Juni: Uraufführung von *Achterloo IV* anlässlich der Schwetzinger Festspiele 1988 im Rokokotheater des Schwetzinger Schlosses; Regie führt D.; Charlotte Kerr zählt zu den Darstellern; Aufführung und Inszenierungsarbeit werden durch den Süddeutschen Rundfunk Stuttgart für das Fernsehen aufgezeichnet; 15. Oktober: Prix Alexei Tolstoi für das Gesamtwerk anlässlich des xe Festival International du Roman et Film noirs verliehen durch die Association internationale des Ecrivains de Romans Policiers

1989   14. Januar: Ausstrahlung der Schwetzinger Fernsehaufzeichnung von 1988 als Gemeinschaftssendung aller deutschen 3. Programme; nach der Aufführung (Moderator „Monumentale Collage der Dürrenmattschen Gedankenwelt") folgt die Dokumentation „Dürrenmatt inszeniert Achterloo" zur erklärtermaßen letzten Regiearbeit des Dichters.

Ernst-Robert-Curtius-Preis für Essayistik (Bonn). Roman: Durcheinandertal

1990	Schenkt seinen literarischen Nachlass an die Schweiz.
	Turmbau-Stoffe IV-IX.
	Tod am 14. Dezember in Neuchâtel durch Herzinfarkt.
1992	aus dem Nachlass: Gedankenfuge. Sechs Essays

1.2 Auswahlbibliografie

(E=Erzählung; K=Komödie; H=Hörspiel; D=Drama; R=Roman; V=Vortrag)

1943	erste Versuche:
	Weihnacht, Der Folterknecht, Die Wurst, Der Sohn (E), Komödie (K, ungespielt; 1980 unter dem Titel „Untergang und neues Leben" veröffentlicht)
1945	Der Alte (E), Das Bild des Sisyphos (E), Der Theaterdirektor (E)
1947	Es steht geschrieben (D, Uraufführung 19. April in Zürich), Die Falle (E), Pilatus (E), Der Doppelgänger (H)
1948	Der Blinde (D), Uraufführung 10. Januar in Basel
1949	Romulus der Große (K), Uraufführung 25. April in Basel
1950	Der Richter und sein Henker (R)
1951	Der Verdacht (R)
	Der Prozess um des Esels Schatten (H)
	Der Hund (E)
1952	Die Ehe des Herrn Mississippi (K), Uraufführung 26. März in München
	Der Tunnel (E)
	Stranitzky und der Nationalheld (H), Nächtliches Gespräch mit einem verachteten Menschen (H)

11

1953	Ein Engel kommt nach Babylon (K), Uraufführung 22. Dezember in München
1954	Herkules und der Stall des Augias (H), Das Unternehmen der Wega (H)
	Theaterprobleme (Komödientheorie)
1955	Grieche sucht Griechin (R)
1956	Der Besuch der alten Dame (K), Uraufführung 29. Januar in Zürich
	Die Panne (H), später umgearbeitet als Erzählung, Fernsehspiel (1958 Italien, 1960 USA) und Komödie
	Abendstunde im Spätherbst (H)
	Die Ehe des Herrn Mississippi (K, Neufassung)
	Vom Sinn der Dichtung in unserer Zeit (V)
1957	Der Richter und sein Henker (Drehbuch zum Fernsehfilm)
	Es geschah am helllichten Tag (Filmdrehbuch)
	Das Versprechen (R): Weiterentwicklung des Filmstoffes in einem „Gegenentwurf"
	Ein Engel kommt nach Babylon (K, Neufassung)
	Romulus der Große (K, Neufassung)
	Mister X macht Ferien (E)
1959	Frank der Fünfte (K), Uraufführung 19. März in Zürich
1960	Die Ehe des Herrn Mississippi (Filmdrehbuch)
	Frank der Fünfte (K), Neufassung des Schlussteils

1962	Die Physiker (K), Uraufführung 20. Februar in Zürich
1963	Herkules und der Stall des Augias (K, entwickelt aus der ursprünglichen Hörspielfassung), Uraufführung 20. März in Zürich
	Die Hochzeit der Helvetia mit dem Merkur (Szenische Kantate für das Kabarett)
	Die Heimat im Plakat (Satirische Zeichnungen über die Schweiz)
1966	Der Meteor (K), Uraufführung 20. Januar in Zürich
	Frank der Fünfte (Drehbuch zur Fernsehfassung)
	Theater-Schriften und Reden
1967	Die Wiedertäufer (K, nach dem Erstlingsdrama „Es steht geschrieben"), Uraufführung 16. März in Zürich
	Israels Lebensrecht (V)
	Persönliches über Sprache (Essay)
1968	Monstervortrag über Gerechtigkeit und Recht (V)
	Tschechoslowakei 1968 (Rede)
	König Johann (D, nach Shakespeare), Uraufführung 18. September in Basel
1969	Play Strindberg (Totentanz nach August Strindberg), Uraufführung 8. Februar in Basel
	Sätze aus Amerika (Essay)
1970	Urfaust (Bearbeitung des goetheschen Werkes), Uraufführung 22. Oktober in Zürich
	Porträt eines Planeten (Übungsstück für Schauspieler), Uraufführung 10. November in Düsseldorf

13

	Titus Andronicus (D), Uraufführung 12. Dezember in Düsseldorf
1971	Der Sturz (E)
	Der Besuch der alten Dame (Oper), Uraufführung 23. Mai im Rahmen der Wiener Festwochen, Komponist: Gottfried von Einem
1973	Der Mitmacher (K), Uraufführung 8. März in Zürich
1974	Zusammenhänge (Rede)
1976	Der Mitmacher. Ein Komplex (Nachwort zu einer Komödie)
1977	Ein Engel kommt nach Babylon (Oper), Uraufführung 5. Juni in Zürich, Komponist: Rudolf Kelterborn
	Die Frist (K), Uraufführung 6. Oktober in Zürich
1979	Albert Einstein (V)
	Die Panne (K), Uraufführung 13. September in Wilhelmsbad/Hanau
1980	Friedrich Dürrenmatt über F. D., Interview über dessen Komödien (Auftragsarbeit für den Theaterverlag Reiß AG) Werkausgabe in 30 Bänden, darin erstmalig:
	Dichterdämmerung. Eine Komödie
	Nachgedanken (zum 1976 erschienenen Band „Zusammenhänge")
1981	Stoffe I-III. Der Winterkrieg in Tibet – Mondfinsternis – Der Rebell

1982	Vorgedanken über die Wechselwirkung (störend, fördernd) zwischen Kunst und Wissenschaft (V)
	Der Besuch der alten Dame (Fernsehfassung), Aufführung im Fernsehen DRS am 28. November
1983	Achterloo (K), Uraufführung 6. Oktober in Zürich, Achterloo (Buchfassung)
1984	Kunst und Wissenschaft (V)
1985	Minotaurus. Eine Ballade (mit Zeichnungen von D.)
	Justiz (R)
1986	Der Auftrag oder Vom Beobachten des Beobachters der Beobachter. Novelle in 24 Sätzen
	Georg Büchner und der Satz vom Grunde (V)
	Das Theater als moralische Anstalt heute (V)
	Rollenspiele (Charlotte Kerr: Protokoll einer fiktiven Inszenierung. Friedrich Dürrenmatt: Assoziationen mit einem dicken Filzstift. Zwischenwort: Achterloo III – Ein Rollenspiel)
1988	Achterloo IV (K), Uraufführung 17. Juni in Schwetzingen
	Gesammelte Werke in sieben Bänden
1989	Durcheinandertal (R)
1990	Turmbaustoffe IV-IX
1992	aus dem Nachlass: Gedankenfuge. Sechs Essays

1.3 Zum Genre des Kriminalromans

Die Entwicklung der Schnellpresse durch den deutschen Erfinder Friedrich Koenig 1811/12 in London hatte das Zeitalter der produktiven Druckverfahren eingeläutet.

Gegen Ende des 19. Jahrhunderts bedeutete die Einführung des Maschinensatzes einen ersten großen Produktivitätsfortschritt auf dem Gebiet der Druckformherstellung.

Parallel zu den damit einsetzenden Auflagensteigerungen wandelte sich das einstmals aufs Handwerkliche beschränkte Buchbindergewerbe zum industriellen Leistungsfaktor.

Erst im 20. Jahrhundert wird das Buch dank der weitergehenden Herausbildung neuer Herstellungstechnologien zum wahren Massenbesitz.

1930 erreicht die Gesamtauflage von Thomas Manns „Buddenbrooks" die Millionengrenze durch eine Volksausgabe für 2,85 Mark. Der Siegeszug des Taschenbuches beginnt mit der 1950 geschaffenen rororo-Serie (Rowohlt-Rotations-Romane) in Deutschland. Großverlage industrieller Prägung bahnen ihm den Weg. Da die Struktur des Buchmarktes geprägt ist von einer relativ begrenzten Aufnahmebereitschaft für Anspruchsvolles, rückt leichter umsetzbare Massenware zwangsläufig stärker in den Blickpunkt des kommerziellen Interesses.

So finden sich nicht selten Verlagsprogramme von einiger Gespaltenheit: Weltliteratur neben Serienware, Fließbandprodukte mit literarischen Kostbarkeiten, Klassisches bei Groschenheften. Die Illustrierten tun ein übriges und die Tageszeitungen es ihnen nach. Jährlich bis zu zehntausend Titel – meist in Fortsetzungen – werden dem deutschen Leser allein auf diesem Wege ins Haus gebracht.

Schon gegen Ende der fünfziger Jahre liefern die beiden führenden Heftchenverlage in Deutschland zwanzig Millionen Exemplare im Jahr aus.

Unter den diversen Erscheinungsformen des Trivialen – wie Heimat-, Fürsten-, Liebes- oder Sciencefiction-Serien – nimmt die Kriminalerzählung einen vorderen Platz ein: So sind zum Beispiel 1964/65 von insgesamt 87 registrierten Roman-Reihen aus zehn Verlagen mit jährlich etwa 350 Millionen Exemplaren nicht weniger als achtzehn dem Krimi gewidmet.[1]

Einer der bekanntesten Serienhelden „Jerry Cotton" bringt es 1970 auf eine wöchentliche Auflage von mindestens 250 000 Exemplaren. Die Gesamtauflage in fünfzig Ländern beträgt damals 150 Millionen. Übersetzungen existieren in rund einem Dutzend Sprachen. Acht Spielfilme laufen in den Kinos der Welt.

Knapp zwei Jahrzehnte später schreibt der Bastei-Lübbe-Verlag in seinem Taschenbuchprogramm: „Jerry Cotton. Die erfolgreichste Kriminalreihe der Welt. (Über 300 Millionen Auflage.)"[2]

Welche Lesertreue!

Entspannung durch Spannung hat Hochkonjunktur, der Mythos des Außerordentlichen erheblichen Marktwert, die Substitution des Lesers ins schrille Milieu der Gesetzlosen und ihrer Verfolger eine ureigene Faszination.

Zu registrieren bleibt angesichts dieses repräsentativen Phänomens, dass die Flut des Trivialen dafür den Blick zu verstellen droht, wie sehr die Darstellung kriminogenen Geschehens seit jeher in der Literatur beheimatet, der Kriminalroman mithin literaturhistorisch gerechtfertigt ist und über eigenes artistisches Renommee durchaus verfügt – bis in die Jerry-Cotton-Gegenwart hinein.

Man denke an Patrick Süskinds „Parfum" oder Umberto Ecos „Name der Rose".

---

1   nach Walter Jens, Literatur und Politik, S. 15
2   nach Bastei Lübbe Taschenbücher. Taschenbuchgesamtprogramm von November
     1988 bis April 1989, S. 56

Der Kriminalroman hat höchst unterschiedliche Nährböden zum Ursprung. Er wird ebenso beharrlich verleugnet wie gelesen. Ihm als eigenständiges Genre Gerechtigkeit widerfahren zu lassen, setzt die Besinnung voraus auf wesentliche Stationen seiner Literaturwerdung.

Egon Erwin Kisch merkt einmal an: „Man stelle sich z. B. ‚Die Kraniche des Ibykus' in den Spalten einer Zeitung fortlaufend gesetzt und mit den üblichen Untertiteln versehen vor, und man hat den Bericht einer in Poseidons Fichtenhain (Bezirk Akrokorinth) begangenen Mordtat zweier Landstreicher an einem griechischen Sänger mitsamt den Personalien des Ermordeten, der genauen Schilderung des Schauplatzes, der Tat, der Entdeckung der Mörder (‚Kraniche als Detektive') während einer Theatervorstellung, ihrer Festnahme und dem Geständnis."[3]

Kischs gedanklicher Ansatz findet mannigfache Rechtfertigungen in der Literatur: vom Vater- und Brudermord in den Sagen, über Grauenvolles in den so behäbig-gemütvoll „Hausmärchen" genannten Geschichten der Grimmschen Sammlung bis hin zum Grimmelhausen'schen „Simplicissimus", der vor dem Hintergrund des dreißigjährigen Krieges das namenlose Elend gesetzloser Zustände lebendig werden lässt – um nur einige populäre Belege anzuführen.

Kriminalprosa heutiger Provenienz findet ihre Vorläufer im weiteren Sinne denn auch im Abenteuer- und Schelmenroman, in der Novelle und Robinsonade. Einhergehend mit den ersten Anfängen der bürgerlichen Emanzipationsbewegung, werden hier am Beispiel des jeweiligen „Helden", der sich die Welt erwandert, unerhörte Begebenheiten berichtet. Es liegt in der Natur der Sache, dass dazu auch Verbrechen zählen.

So stehen am Beginn einer artistisch relevanten Kriminalliteratur in England Defoes früher realistischer Roman "Moll Flanders" (1722) und Fieldings "The Life of Jonathan Wild the Great" (1743); in Deutsch-

---

3 Klassischer Journalismus. Die Meisterwerke der Zeitung. Gesammelt und herausgegeben von Egon Erwin Kisch, S. 272 (nicht im Literaturverzeichnis aufgeführt)

land sind es Schillers „Der Verbrecher aus verlorener Ehre" (1786) und „Der Geisterseher" (1789). In Frankreich legt der Jurist Pitaval eine Sammlung von Kriminalfällen vor, die unter dem Titel „Causes célèbres et intéressantes" (20 Bände, 1734) zur Quelle manchen Erzählstoffes werden und später immer wieder Fortsetzung und Nachahmung erfahren.

Mit der Herausbildung der bürgerlichen Ordnung in Deutschland kommt die literarische Darstellung von Rechtsverletzungen und Verbrechen auf. Ihr Ansatz ist gesellschaftskritischer und charakterisierender Natur. Kleists „Michael Kohlhaas" (1810) gehört in diesen Zusammenhang wie E. T. A. Hoffmanns „Fräulein von Scuderi" (1819), Annette von Droste-Hülshoffs „Judenbuche" (1842) und Fontanes „Unterm Birnbaum" (1842).

Man weiß von Thomas Mann, dass er Dostojewskis „Schuld und Sühne" (1866) einmal beiläufig als den bedeutendsten Kriminalroman seiner Zeit bezeichnet hat und erinnert sich womöglich amüsiert an die Begegnung mit Gogols „Revisor"-Stück. In den Werken des 19. Jahrhunderts übernimmt der „Held" eine klar umrissene Position: Er ist der potentielle Identifikationsmaßstab für das im Sinne der antiken Katharsis geläuterte Lesepublikum.

In der Traditionslinie solchen moralischen Anspruchs finden sich populär gewordene Werke der Kriminal-Prosa vornehmlich in der ersten Hälfte des 20. Jahrhunderts: Ricarda Huchs „Der Fall Deruga" (1917), Wassermanns „Der Fall Maurizius" (1928), Döblins „Berlin Alexanderplatz" (1929) in Deutschland, Hammets "The Maltese Falcon" (1930; Der Malteser Falke) und Chandlers "The Big Sleep" (1939; Der tiefe Schlaf).

Großbritannien und die USA haben als eine eigenständige Version des Kriminalromans den Detektivroman hervorgebracht. Im Englischen meint "detective" den privaten oder beamten Ermittler. Das entsprechende Verb "to detect" heißt aufdecken. Von daher ergibt sich die folgende Definition: „Die Struktur des Detektivromans ist analytisch, d. h. vom Ende her konzipiert, das im Rückblick als notwendiges Ergebnis einer in der Exposition bereits angelegten Kausalkette erscheint, die, durch kunstvoll eingeführte Zufälle und retardierende Momente zunächst verdeckt, mit fortschreitendem Abbau dieser Elemente dem Leser zusehends deutlich wird. – Die Entstehung des Detektivromans ist an entwickelte und differenzierte bürgerliche Verhältnisse gebunden, unter denen, da menschliches Handeln einer tendenziellen Anonymisierung unterworfen ist, die Identität des einzelnen schwer bestimmbar erscheint. Der so vorhandene potentielle Freiraum für das – oft im Schutz äußerlich zur Schau getragener Wohlanständigkeit (Anwaltsgestalten bei Edgar Wallace! d. Verf.) verübte – zunächst unentdeckte Verbrechen bildet eine Erfahrung, die wiederum Misstrauen überhaupt bewirkt, so dass alle am Spiel Beteiligten im Detektivroman vorab verdächtig sein können. Im Mittelpunkt des Detektivromans steht der Detektiv, der mit einer die andern überragenden Logik und Intuition zufällige und notwendige Motive in den Vorgängen sondert, zum Hauptmotiv wie damit zum möglichen Täter vordringt und den Widerspruch zwischen Sein und Schein – darin Vorbild für den Leser – auflöst."[4]

Als eigentlicher Begründer der Tradition des Detektivromans gilt E. A. Poe mit "The Murders in the Rue Morgue" (1841). Bei ihm agiert der scharfsinnige Detektiv Dupin neben einem (lesernahen) vergleichsweise unbedarften Gehilfen. Poe liefert damit das Grundmuster für die personale Ausstattung des Detektivromans, welches später Conan Doyle mit Sherlock Holmes und Dr. Watson schlechthin perfektioniert. Es findet unzählige Nachahmer und verkommt zeitweise zum stereotypen Klischee.

Dennoch verdankt die Kriminalliteratur dem Detektivroman eine Fülle einprägsamer Gestalten: Hercule Poirot bei Agatha Christie, Philip Marlowe von Chandler, Chestertons herrlichen Pater Brown, Simenons ewigen Kleinbürger Inspektor Maigret, den cleveren Anwalt Perry Mason, wie ihn Earl Stanley Gardner geschaffen hat.

Edgar Wallace verzichtet auf eine solche Zentralfigur und agiert stattdessen mit vielfach wiederkehrenden Typen.

---

4 Claus Träger (Hg.), Wörterbuch der Literaturwissenschaft, S. 101 f.

Bei Spillane (Mike Hammer) und Ian Fleming (James Bond) erfahren die von Hammet und Chandler kreierten Detektivromane der „harten" Schule mit Selbstjustiz und Gewalt eine deutliche Akzentuierung in Richtung auf Politisches vor dem Hintergrund des Kalten Krieges. Gerade dadurch muten sie – obwohl sehr viel jüngeren Datums als so mancher noch immer gern gelesene Klassiker – auf eine merkwürdige Weise unmodern an angesichts einer gewandelten Weltkonstellation.

Es ist weder möglich, noch wird es angestrebt, im Vorliegenden eine über das Nötigste hinausgehende Betrachtung des Genres zu versuchen. Dennoch bleibt ein Seitenblick unerlässlich auf seine dramatischen Ausprägungen.

Bei Wahrung aller tradierten Merkmale der Kriminalliteratur – die unterhaltungswirksame, auf Spannung orientierte Form der Darbietung, die Durchführung und Aufdeckung von Verbrechen als Gegenstand, das Einbeziehen sozialen und psychologischen Hintergrundgeschehens – bietet das Kriminalstück in besonderer Weise Gelegenheit, in dramatischer Zuspitzung soziale und personale Konflikte grell zu beleuchten.

In der Ahnenreihe des Kriminalstücks finden sich illustre Namen: Shakespeare mit „Macbeth" (1605), Kleists „Der zerbrochene Krug" (1808), Gerhart Hauptmanns „Biberpelz" (1893). Im engeren Sinne freilich, muss die Klassifizierung „Kriminalstück" an jenes Zubehör gebunden bleiben, das nun einmal das Milieu prägt: Täter, Opfer, Detektive, Mordwaffen und mit allen Wassern gewaschene Anwälte.

Das Stück des 20. Jahrhunderts ist zugleich einer der größten Theater-Dauererfolge aller Zeiten: "The Mousetrap" (1952, Die Mausefalle) von Agatha Christie (1891-1976). Vom Tage seiner Uraufführung an wurde es über mehr als zwei Jahrzehnte in London gespielt, ohne auch nur einen einzigen Tag auf dem Spielplan der britischen Hauptstadt zu fehlen.

Mit dem Medium Fernsehen ist nach Hörspiel und Film der Kriminaldramatik ein Ausdrucksmittel zugewachsen, das dem literarisch Bedeutungsvollen ebenso zu Öffentlichkeit verhilft wie konfektionierter

Massenware. In der Woche vom 25.-31. März 1989 (Osterwoche) enthielt das überregionale Programm von ARD und ZDF nicht weniger als ein volles Dutzend kriminaldramatischer Hauptbeiträge.[5]

Bildschirm- und Verlagsproduktion stehen offenkundig in einem bedarfsgeprägten Kontext. Stoffmangel scheint nicht zu befürchten. Kriminogenes Geschehen zeigt eher Tendenzen des Wachstums. Umwelt- und Computerkriminalität stehen dafür.

In einem seiner Kriminalromane lässt Dürrenmatt seinen beamteten Akteur sagen: „Unsere kriminalistischen Mittel sind unzulänglich, und je mehr wir sie ausbauen, desto unzulänglicher werden sie im Grunde. Doch ihr von der Schriftstellerei kümmert euch nicht darum. Ihr versucht nicht, euch mit einer Realität herumzuschlagen, die sich uns immer wieder entzieht, sondern ihr stellt eine Welt auf, die zu bewältigen ist. Diese Welt mag vollkommen sein, möglich, aber sie ist eine Lüge. Laßt die Vollkommenheit fahren, wollt ihr weiterkommen, zu den Dingen, zu der Wirklichkeit, wie es sich für Männer schickt, sonst bleibt ihr sitzen, mit nutzlosen Stilübungen beschäftigt."[6]

Die Auseinandersetzung mit „Der Richter und sein Henker" und „Der Verdacht" läuft im Grunde darauf hinaus, festzustellen, in welchem Grade der Dichter seinen eigenen Schreibmaximen für Kriminalprosa gefolgt ist.

---

5   ermittelt nach: BILDWOCHE Nr. 12 vom 16. März 1989
6   Friedrich Dürrenmatt, Das Versprechen, S. 11

1.4 Kriminalschriftsteller Dürrenmatt

„Der Student Dürrenmatt begann im Jahre 1942 seine schriftstelle-rische Laufbahn ungefähr gleichzeitig als Erzähler und als Dramatiker, nachdem er sich künstlerisch zunächst vorwiegend mit Zeichnen und Malen beschäftigt hatte"[7], teilt Peter Spycher mit. Die Jahre des Studie-rens schließen sich an: Literatur neben Philosophie und Naturwissen-schaften. Die frühe Prosa aus dieser Zeit 1943 bis 1946 besteht aus nicht sonderlich umfänglichen, oft bedrückend anmutenden, parabel-haften Erzählungen, die auf Komik oder Humor als Gestaltungsmittel peinlich verzichten. „Die Stadt" (1947) liefert einige Jahre später den Namen für jenen ersten Sammelband, der alle diese Gleichnisse vereinen wird. Der quasi symptomatische Untertitel dieser Erzählung lautet: „Aus den Papieren eines Wärters, herausgegeben von einem Hilfsbibliothekar der Stadtbibliothek, die den Anfang eines im großen Brande verloren gegangenen fünfzehnbändigen Werkes bilden, das den Titel trug: Versuch zu einem Grundriss."[8] Eine charakteristische Textprobe sei angefügt: „Auf ihr (der Stadt) lag ein giftiger Nebel, der die Keime des Lebens zersetzte und mich zwang, mühsam nach Atem zu ringen, von einem quälenden Gefühl befallen, als wäre ich in Gebiete gedrungen, die zu betreten dem Fremden untersagt sind, in denen jeder Schritt ein geheimes Gesetz verletzt."[9]

Zwar ist das nicht der Dürrenmatt, den man kennt, aber die frühe Prosa steht doch – weit davon entfernt, lediglich erstes Tasten eines Anfängers zu sein – als ein Eigenständiges neben den Dramen der ersten Schaffensperiode.

Bereits die Erzählwerke der fünfziger Jahre lassen deutlich werden: Schweizer Leben und Schweizer Lokalkolorit haben Einzug gehalten, Mittel der Komik gesellen sich zum weniger schicksalsschwangeren Stil, der Komödien- und der Prosaschreiber Dürrenmatt weichen einan-der nicht mehr aus.

---

7   Peter Spycher, Friedrich Dürrenmatt. Das erzählerische Werk, S. 15
8   Gesammelte Werke. Band 5, Erzählungen, S. 118
9   ebenda, S. 119

In Rede stehen hier unter anderem „Der Richter und sein Henker" (1950) sowie „Der Verdacht" (1951).

Von Selbstzeugnissen her weiß man, dass Dürrenmatt aus dem einleuchtendsten Grunde der Welt anfängt, Kriminalromane zu schreiben: Er braucht Geld. Vor kurzem erst ist die Familie umgezogen. Ein zweites Kind wird geboren, und schon bald kündigt sich das dritte an. Der Hausherr selbst steht vor einem Klinikaufenthalt.

500 Franken Vorschuss zahlt der „Beobachter", und Dürrenmatt bekennt später in seinem Werkstattgespräch mit Bienek freimütig: „Ich mußte sehr viel schreiben, weil ich Geld verdienen mußte, um mich und meine Familie durchzubringen: Kriminalromane, Hörspiele. Ich habe es nie bereut, und ich habe es nie abgeleugnet, daß ich diese Dinge geschrieben habe, um Geld zu verdienen."[10]

Dies als einzige Erklärung für Kriminalromane aus des Schweizers Feder zu nehmen, hieße zu kurz greifen.

Interessanterweise findet sich schon 1954 in dem Aufsatz „Theaterprobleme" ein Grund zu genauerem Hinhören: „Die Forderungen, welche die Ästhetik an den Künstler stellt, steigern sich von Tag zu Tag, alles ist nur noch auf das Vollkommene aus, die Perfektion wird von ihm verlangt, die man in die Klassiker hineininterpretiert – ein vermeintlicher Rückschritt, und schon läßt man ihn fallen. So wird ein Klima erzeugt, in welchem sich nur noch Literatur studieren, aber nicht mehr machen läßt. Wie besteht der Künstler in einer Welt der Bildung, der Alphabeten? Eine Frage, die mich bedrückt, auf die ich noch keine Antwort weiß. Vielleicht am besten, indem er Kriminalromane schreibt, Kunst da tut, wo sie niemand vermutet. Die Literatur muß so leicht werden, daß sie auf der Waage der heutigen Literaturkritik nichts mehr wiegt: Nur so wird sie wieder gewichtig."[11]

Der junge Dürrenmatt schlägt also zwei Fliegen mit einer Klappe: Er bessert die Familienkasse auf *und* er nutzt den Freiraum eines als leichtfertig geltenden Genres, den „Krimi", für Unerwartetes – nämlich Kunst da zu tun, „wo sie niemand vermutet".

---

10   Horst Bienek, Werkstattgespräche mit Schriftstellern, S. 108
11   Gesammelte Werke. Band 7, S. 68 f.

Von hier aus wird man Dürrenmatts Reaktion auf eine entsprechende Nachfrage als kokettes Understatement einstufen müssen. Elisabeth Brock-Sulzer berichtet aus der Entstehungszeit von „Der Richter und sein Henker" über persönliche Eindrücke: „Er war damals auch Theaterkritiker an der ‚Weltwoche'. Wenn ich ihn bei einer Premiere sah und fragte, wie es denn nun weitergehe mit seinem Kommissär Bärlach, behauptete er lachend, er wisse es selber nicht, der Text müsse ja erst in einigen Tagen abgeliefert werden. Allzu sehr dürfte diese Behauptung nicht an der Wahrheit vorbeigegangen sein."[12]

Ohne eine Analyse vorwegzunehmen, gehört doch an diese Stelle die Einlassung: „Der Richter und sein Henker" besitzt eine so geschlossene Werkkomposition, dass zumindest in dieser Hinsicht dem Dichter behauptetes Nichtwissen über den Werkfortgang kaum abzunehmen ist.

Sowohl die beiden ersten Kriminalromane um Bärlach wie auch das 1957 erschienene „Versprechen" mit dem Abschied verheißenden Untertitel „Requiem auf den Kriminalroman" tragen genug künstlerische Substanz in sich, um einen ebenso heftigen wie im Grunde überflüssigen Diskurs darüber zu initiieren, ob und in welchem Grade die dürrenmattschen Beiträge zur spannenden Unterhaltung seiner Leser denn nun eigentlich Kriminalromane seien oder eben nicht.

Zum Exempel: Da wird gefragt, ob Kriminalromane überhaupt Kunstdichtungen zu sein vermögen (Dietrich Naumann); der „christliche Kriminalroman" definiert (Günter Waldmann); verglichen mit Hammet, Stout, Chandler, Simenon u. a. m. (Armin Arnold); der Wachtmeister Studer von Friedrich Glauser als Wurzelfigur bemüht (Hans Peter Treichler); das „Schema" gesucht und untersucht (Günter Beier) und dem gefundenen Ergebnis widersprochen (Peter Spycher).

---

12   Elisabeth Brock-Sulzer, Friedrich Dürrenmatt. Stationen seines Werkes, S. 233

Eine der einleuchtendsten Deutungen – wir halten sie für besonders komödiennah – liefert Elisabeth Brock-Sulzer, wenn sie erklärt: „Nicht daß Dürrenmatt Kriminalromane schreibt, gibt ihm Erholung, sondern daß er den Kanon des Kriminalromans dabei auch wieder parodieren kann".[13]

Erinnern wir uns: Im Physiker-Stück von 1962 agiert Inspektor Voß als Berufskollege des Kommissärs Bärlach. Er hat drei Morde im Irrenhaus zu untersuchen. „Ein erfahrener Kriminalist, der allen Ernstes daranginge, Täter, deren Zurechnungsfähigkeit medizinisch ausgeschlossen ist, der normalen Strafjustiz zuzuführen, beherrschte Grundlagen seines Handwerks nicht. Daß Dürrenmatt dieser Fiktion zunächst Raum gibt, geschieht sichtlich im Dienste der Bühnenwirksamkeit" merkt eine Interpretation an.[14] Der Hang zum Parodieren schimmert uns auch hier entgegen.

Dr. jur. Matthäi heißt der Kriminalkommissar im letzten der drei Fünfzigerjahre-Kriminalromane Dürrenmatts.

Auf dem Höhepunkt seiner Karriere erwartet ihn in wenigen Tagen in Jordanien ein hohes Amt. Schon im Aufbruch begriffen, erreicht ihn aus einem kleinen Flecken nahe Zürich der Anruf eines Hausierers. Dieser hat im Wald die grausam verstümmelte Leiche eines kleinen Mädchens gefunden. Matthäi fährt hin.

Trotz der nahen Abreise verspricht er den Eltern der Ermordeten, den Täter zu entlarven. Die Dorfbewohner sehen in dem einschlägig vorbestraften Hausierer den mutmaßlichen Mörder. Mit knapper Not gelingt es Matthäi, einen Akt der Lynchjustiz zu verhindern. Verhaftet wird der Hausierer doch. Im Untersuchungsgefängnis begeht er aus Angst Selbstmord. Matthäi glaubt nicht an seine Schuld. Er führt die Untersuchungen auf eigene Faust mit Hilfe ungewöhnlicher Methoden weiter und setzt dabei seine Existenz aufs Spiel. Auf absurde und fatale Weise kommt nach langer Zeit die Wahrheit ans Licht durch

---

13   ebenda, S. 233
14   Thomas Berger. Friedrich Dürrenmatt, Die Physiker, S. 60

das späte Geständnis einer sterbenden Greisin. Der Täter war ein Geisteskranker, der just in dem Augenblick durch einen Verkehrsunfall ums Leben kommt, als er auf dem Weg ist, der ihn in die von Matthäi über lange Zeit gestellte Falle geführt hätte.

Der Romanstoff ist vorher unter dem Titel „Es geschah am hellichten Tag" mit Heinz Rühmann als Matthäi und Gert Fröbe als geisteskranken Mörder in pädagogisch-warnender Absicht verfilmt worden. Der Spielfilm lässt den Kriminalisten triumphieren. Dürrenmatt sagt im Nachwort zu seinem Roman: „Der Grund (für die Neubearbeitung) liegt allein darin, daß ich mich nach der Fertigstellung des Drehbuches noch einmal an die Arbeit machte. Ich griff die Fabel aufs neue auf und dachte sie weiter, jenseits des Pädagogischen. Aus einem bestimmten Fall wurde der Fall des Detektivs, eine Kritik an einer der typischsten Gestalten des neunzehnten Jahrhunderts, und so schoß ich notgedrungen über das Ziel, das der Film, als eine Kollektivarbeit, sich setzen mußte."[15]

Wenngleich „Das Versprechen" im Untertitel „Requiem"[16] auf den Kriminalroman genannt wird, erweist sich der vermeintlich Dahingeschiedene in Dürrenmatts Schaffen später wieder als höchst lebendig. 1985 erscheint mit „Justiz" ein ebenso ungewöhnlich erzählter wie spannender „Roman", der von den Zutaten her eben doch wieder ein Krimi ist.

Der Ich-Erzähler, ein weidlich versoffener Rechtsanwalt namens Spät, steht trotz seines verkommenen Habitus moralisch turmhoch über den relevanten Mitspielern der Romanhandlung. Käuflichkeit erscheint nämlich als die gesellschaftliche Norm. Wer Geld hat, dem ist alles erlaubt. Das Recht erlebt groteske Kopfstände. „Held" der Geschehnisse ist der Alt-Kantonsrat Dr. h. c. Isaak Kohler. Eines Märzabends 1955 lässt er sich im eigenen Rolls-Royce zum Nobelrestaurant „Du

---

15 Friedrich Dürrenmatt, Das Versprechen, S. 122
16 Nach den Anfangsworten der Liturgie „Requiem aeternam dona eis" (lat. = schenke ihnen die ewige Ruhe) heißt man in der röm.-kath. Kirche die „Missa pro defunctis", die Messe für Verstorbene, das „Requiem".

Théâtre" fahren, tritt höflich grüßend an den Tisch des dort tafelnden Germanisten Professor Winter und erschießt denselben mit Hilfe eines Revolvers.

Er wird verhaftet, zu zwanzig Jahren verurteilt und muss einsitzen. Freilich ist er ein ungewöhnlicher Gefangener, der Ehrendoktor und Wirtschaftsmanager, einer „der reichsten und bekanntesten Bürger". Er scheint nämlich vollkommen glücklich zu sein und das Zuchthaus als angenehmen Aufenthaltsort zu empfinden. Aus der Haft erteilt er wohldotierte Aufträge, die Vorteile und Folgen seines Verbrechens zu analysieren und auch der falschen Behauptung nachzugehen, dass ein anderer als er der Attentäter sei: „...er hätte getötet, um zu beobachten, gemordet, um die Gesetze zu untersuchen, die der menschlichen Gesellschaft zugrunde liegen. Hätte er jedoch dieses Motiv vor Gericht zugegeben, wäre es als bloße Ausrede betrachtet worden. Das Motiv war zu abstrakt für die Justiz."[17]

Der dürrenmattsche Knalleffekt: In einem zweiten Prozess wird der Schuldige für unschuldig erklärt.

„Die Panne" (1956) ursprünglich ein Hörspiel, später als Erzählung und Fernsehspiel umgearbeitet und „Der Auftrag oder Vom Beobachten des Beobachters der Beobachter. Novelle in 24 Sätzen" (1986) stehen nach Anliegen und Geschehen im Kontext zu den Kriminalromanen Dürrenmatts und sollen hier wenigstens Erwähnung finden.

Auch für sie gilt, was der Dichter am 25. April 1956 im Studio Bern des Schweizer Rundfunks an das Ende seines Vortrages „Schriftstellerei als Beruf" gesetzt hat: „*TROST*: Daß der Mensch unterhalten sein will, ist noch immer für den Menschen der stärkste Antrieb, sich mit den Produkten der Schriftstellerei zu beschäftigen. Indem sie den menschlichen Unterhaltungstrieb einkalkulieren, schreiben gerade große Schriftsteller oft amüsant, sie verstehen ihr Geschäft."[18]

---

17 Gesammelte Werke, Band 4. Romane, S. 653
18 Gesammelte Werke, Band 7. Essays und Gedichte, S. 418

Zumal Dürrenmatt. Wobei „Geschäft" absolut im ursprünglichen Wortsinn gedeutet werden darf.

So mag es Friedrich Dürrenmatt wenig anfechten, wenn ihn Reich-Ranicki einen „makabren Possenreißer" nennt und befindet: „Man lacht über seine Witze und freut sich über seine Bonmots. Man findet sich mit seinen Grobheiten ab und ist *sogar bereit, ihm seine Kriminalromane zu verzeihen.* (Unsere Hervorhebung.) Aber man duldet und man lobt ihn, ohne ihm recht zu trauen."[19] Stellen wir dem ein Wort des DDR-Literaten Hermann Kant entgegen, der ausgehend von der Berechtigung materieller Erwägungen auf Seiten des Schriftstellers befindet: „...abgesehen von alledem, läßt sich auch in den Kriminalgeschichten die haushohe Begabung Dürrenmatts nicht übersehen. Sie zeigt sich in diesem Falle zunächst ganz einfach in der kaum überschätzbaren Kunst, einen Vorgang handfest und genau zu erzählen und einen Fall mit Humor und Erbitterung pointensicher vorzutragen."[20]

Halten wir fest, dass „Der Richter und sein Henker" Dürrenmatt den ersten nennenswerten Erfolg als Schriftsteller brachte und seinen Namen auch außerhalb der Schweiz bekannt gemacht hat. Bis zum „Besuch der alten Dame" fehlten damals noch mehr als fünf Jahre.

---

19 Marcel Reich-Ranicki, Deutsche Literatur in Ost und West, S. 171
20 Friedrich Dürrenmatt, Der Richter und sein Henker. Die Panne. – Nachwort von Hermann Kant, S. 241 f.

2. ZU DEN KRIMINALROMANEN[21]

2.1 Daten zur Werkgeschichte

1950   „Der Richter und sein Henker" erscheint in Fortsetzung in der Zeitschrift „Der Schweizerische Beobachter"

1951   Zweiter Kriminalroman „Der Verdacht"

1957   Drehbuch zum Fernsehfilm „Der Richter und sein Henker" (mit Hans Gottschalk)

1976   Verfilmung von „Der Richter und sein Henker"; (Regie: Maximilian Schell; mit Martin Ritt, Jon Voight, Jaqueline Bisset in den Hauptrollen)

1978   Erstaufführung des Spielfilms „Der Richter und sein Henker" (mit Friedrich Dürrenmatt in der Rolle des Schriftstellers Friedrich)

1988   „Der Richter und sein Henker" sowie „Der Verdacht" erscheinen in Band 4 der siebenbändigen Werkausgabe des Diogenes-Verlags Zürich; Herausgeber: Franz Josef Görtz; diese Ausgabe fungiert hier als Textgrundlage

---

21   zu Grunde liegende Texte: „Der Richter und sein Henker" (rororo Band 150) – „Der Verdacht" (rororo 448) – Vgl. Literaturverzeichnis

2.2 Inhaltsskizzen

2.2.1 „Der Richter und sein Henker

Am 3. November 1948 findet der Polizist des Schweizer Dorfes Twann am Rande der Landstraße in einem blauen Mercedes eine männliche Leiche. Die Schläfen des Mannes sind durchschossen. Er trägt unter seinem dunkelgrauen Mantel einen eleganten Abendanzug. Man hat ihn nicht ausgeraubt, und so lässt sich die Identität anhand der mitgeführten Papiere feststellen: Es handelt sich um Ulrich Schmied, Polizeileutnant im Dienste der Stadt Bern.

Der Polizist fasst sich ein Herz und bringt seinen grausigen Fund nach Biel, in die nächstgelegene Stadt.

In Bern informiert man den Vorgesetzten des Ermordeten, den bejahrten Kommissär Bärlach. Dieser braucht seine ganze Autorität, um die Angelegenheit während der nächsten Tage als geheim behandeln zu lassen. Er trifft bei diesem Begehren vor allem auf den Widerstand seines Vorgesetzten, des Untersuchungsrichter Dr. Lucius Lutz.

Noch am gleichen Tag begibt sich Bärlach zu Schmieds Wohnung, der bei Familie Schönler in der Bantigerstraße untergemietet hatte. Unter dem Vorwand, Schmied halte sich im Ausland auf, und er müsse ihm etwas nachsenden, verschafft sich der Kommissär Zutritt. Eine Mappe mit Akten nimmt er vom Schreibtisch.

***

Im Bureau hört Bärlach, der Leichnam sei inzwischen von Biel nach Bern gelangt. Aber er mag den Toten nicht sehen. Statt ihn aufzusuchen, begibt er sich – ebenfalls höchst ungern, aber ohne dem aus dem Wege gehen zu können – in das Bureau des Untersuchungsrichters Dr. Lutz. Aus Biel liegen keine neuen Erkenntnisse vor. Lutz nimmt dies einmal mehr zum Anlass, die Fähigkeiten der Schweizer Dorfpolizei in Zweifel zu ziehen. Bärlach widerspricht, gibt zu, einen bestimmten Verdacht zu haben, ist aber noch nicht bereit, darüber zu reden. Bärlach nutzt die Gelegenheit und ersucht unter Hinweis auf seine ständigen Magenbeschwerden um die Beiordnung des Kriminalbeamten Tschanz als Stellvertreter. Lutz stimmt dem zu.

Noch am Nachmittag fährt Bärlach zum Tatort. Der Dorfpolizist, der Schmied nach Biel geschafft hat, ist eines Rüffels gewärtig. Aber zu seiner Verwunderung lobt der Kommissär die bewiesene Eigeninitiative.

Durch Zufall findet Bärlach am Tatort eine Revolverkugel.

***

Nach einer mit Magenbeschwerden verbrachten Nacht empfängt Bärlach seinen neuen Assistenten Tschanz. In der äußeren Erscheinung erinnert dieser sehr an den ermordeten Schmied, so dass der Kommissär im ersten Augenblick regelrecht erschrocken ist.

Man bespricht den Stand der Ermittlungen, allerdings gibt es da nicht viel zu besprechen. Einzig die Revolverkugel vom Tatort ist da. Über Schmieds Reisegrund ist nichts bekannt.

Immerhin trägt Tschanz eine glaubhafte Theorie vor, die sich auf konkrete Tatsachen stützt: Schmied muss den Mörder gekannt haben, die rechte Wagentür geöffnet haben, um ihn aufzunehmen und ist ohne Ahnung gewesen, dass er sich in Gefahr befand. Erst jetzt, aus dem Munde von Tschanz hört Bärlach, dass der Tote Gesellschaftskleidung getragen hat. Der Assistent sieht darin einen Ansatzpunkt, den Grund für Schmieds Reise herauszufinden, zumal für den fraglichen Tag und eine Reihe weiterer in dessen Notizbuch ein G notiert ist. Er bittet Bärlach vergeblich, dieser möge seinen Verdacht präzisieren. Dem fehlen, wie er erklärt, die nötigen Indizien.

Tschanz will die vermutliche Fahrstrecke von Schmied abfahren, weil für den Tag dieses Gesprächs ebenfalls ein G notiert ist. Bärlach wird ihn begleiten. Man verabredet sich für die gleiche Zeit, zu der auch Schmied aufzubrechen pflegte.

Um sieben Uhr abends erscheint Tschanz bei Bärlach. Er betritt das Haus ungehindert. Die Tür ist unverschlossen. Bärlach trägt schon den Mantel, scheint aber noch ein Schläfchen auf dem Diwan seiner Bibliothek zu halten.

Auf dem Schreibtisch liegt ein als Schlange geformtes Messer, das Bärlach einst aus der Türkei mitgebracht hat. Er erzählt seinem Besucher, man habe ihn damit einmal töten wollen. Unterwegs ist die Rede von der Art, wie der tote Schmied den blauen Mercedes chauffiert; sogar einen Namen aus der Mythologie hatte er ihm gegeben: der blaue Charon.

Nach eben diesem Namen erkundigt sich Tschanz bei den Tankwarten am Wege. Nach etlichen Versuchen, die vergeblich bleiben, erinnert sich einer: am Montagabend sei so ein Kunde da gewesen. Der Beweis ist erbracht, meint Tschanz, dass Schmied diesen Weg gefahren sei. Bärlach muss ihm das zugestehen, scheint aber den Nutzen dieser Erkenntnis nicht recht einzusehen.

Tschanz fragt einen Passanten nach dem Lamboinger Abzweig. Zwanzig vor acht ist man an Ort und Stelle. Tschanz schaltet das Licht aus. Der Wagen hält an der Straße von Twann nach Lamboing.

***

Als nichts geschieht, will Bärlach wissen, was Tschanz vorhat. Dieser setzt darauf, dass man einen Frack nur dort trägt, wo eine größere Gesellschaft zusammenkommt. Also müssten wohl Gäste über die von Schmied benutzte Autostraße herbeifahren. Bärlach gibt sich skeptisch, muss sich aber bald eines Besseren belehren lassen, denn tatsächlich fahren mehrere vollbesetzte Limousinen in Richtung Lamboing an ihnen vorüber. Tschanz folgt ihnen nach bis zu einem großen, einsam stehenden Haus, das von einer niedrigen Mauer umfriedet ist. Das Türschild zeigt nur ein großes G.

Tschanz weiß es zu deuten. Er hat im Telefonbuch nachgeschlagen. Der Besitzer heißt Gastmann. Es gibt nur noch ein weiteres G im

Lamboinger Teilnehmerverzeichnis, nämlich die Gendarmerie, und die werde ja wohl mit dem Mord kaum etwas zu tun haben.

„Es ist alles möglich, Tschanz", setzt Bärlach dagegen.

***

Verwundert darüber, dass die ortsansässige Polizei nicht auf diesen Gastmann gekommen sei, dessen Haus doch so auffällig im offenen Felde liegt, trennen sich die beiden Beobachter, um in verschiedenen Richtungen um das Grundstück herumzugehen.

Im Hause spielt jemand Bach auf dem Flügel.

Plötzlich wird Bärlach von einem riesigen Hund angegriffen, der sich in den schützend vor seiner Kehle gehaltenen linken Arm verbeißt. Ein Schuss aus Tschanz Revolver macht dem Tier den Garaus. Mühsam, aber unverletzt erhebt sich der alte Mann. Ob er denn nie bewaffnet sei, will Tschanz wissen. „Selten, Tschanz" antwortet der Kommissär.

Im Haus hat man den Schuss gehört. Die Musik ist verstummt. Bärlach und Tschanz gehen zum Eingangstor zurück. Dort werden sie von einem aufgeregten Herrn erwartet: Nationalrat und Oberst von Schwendi, seines Zeichens Gastmanns Advokat. Offensichtlich angetrunken, behandelt er sie zunächst hochfahrend, beinahe verächtlich. Erst der Hinweis auf den Polizeistatus der nächtlichen Besucher kühlt den Nationalrat etwas ab. Gastmann ist für sie nicht zu sprechen, aber von Schwendi sichert für den nächsten Tag sein Erscheinen bei der Polizei zu. Mit Gastmann will er vorher sprechen. Er lässt sich ein Bild von Schmied geben und verschwindet im Haus.

Bevor sie die Rückfahrt antreten, wird Tschanz mit dem Lamboinger Polizisten über Gastmann reden, Bärlach aber in einem Gasthaus am Anfang der Schlucht eine kleine Stärkung zu sich nehmen. Sein Magen bereitet ihm wieder Kummer.

Tschanz erfährt von seinem Kollegen nur, dass man noch immer keine Spur habe von einer Gesellschaft. Ein Herr Gastmann habe zwar dergleichen Gesellschaften gegeben, aber er hatte nicht einmal den Namen Schmied gekannt. Ein Besuch Schmieds bei Gastmann sei einfach nicht möglich gewesen.

Tschanz rät, noch weitere Gäste von Gastmann zu befragen. Das sei geschehen, wird ihm versichert. Zum Beispiel einen Schriftsteller. Auch der hätte nichts von Schmied gewusst.

Der Polizist beschreibt Gastmann als einen wohlhabenden Nichtstuer, der sich ungeteilter Beliebtheit erfreut, da er die Steuern für das ganze Dorf Lamboing bezahlt.

***

Ehe Tschanz zum Restaurant fährt, um Bärlach abzuholen, macht er noch einmal bei Gastmanns Haus halt. Das Fest scheint anzudauern. Jedoch den Tierkörper hat in der Zwischenzeit jemand beseitigt. Bärlach ist schon gegangen. Kaum fünf Minuten habe er sich aufgehalten, versichert die Wirtin, um dann zu Fuß in Richtung Twann aufzubrechen.

Tschanz setzt die Fahrt fort. Ungefähr am Tatort gibt ihm eine dunkle Gestalt plötzlich das Haltezeichen. Als er anhält und die rechte Wagentür öffnet, wird er sich plötzlich der Tatsache bewusst, dass Schmied bei der gleichen Handlung ums Leben gekommen ist. Entsetzen packt ihn, und es verlässt ihn auch dann nicht, als er in dem Anhalter Bärlach erkennt. „Fahr weiter, Tschanz", sagt der Alte lakonisch. Von diesem Augenblick an duzt er Tschanz.

Nach längerem Schweigen, man ist schon durch Biel gefahren, erkundigt sich der Kommissär nach den Auskünften, die in Lamboing zu erhalten waren. Den Schriftsteller, meint er dann, werde er noch selber sprechen.

Vor seinem Haus angekommen, steigt Bärlach aus. Noch einmal stellt er beim Abschied fest, Tschanz habe ihm das Leben gerettet.

Doch dann geschieht Merkwürdiges. In der Halle mit den Büchern nimmt er aus der Manteltasche einen schweren Revolver. Und unter dem Wintermantel hatte er den linken Arm mit dicken Tüchern umwickelt, wie es Scheintäter bei der Hundeabrichtung vorsorglich zu tun pflegen.

***

Am anderen Morgen erscheint von Schwendi im Bureau von Dr. Lutz, dem diese Intervention – noch dazu von einem beziehungsreichen Parteifreund vorgebracht – ausgesprochen unangenehm ist.

Von Schwendi geht es gar nicht um den getöteten Hund, sondern vielmehr um die Frage, wieso Schmied unter falschem Namen in Gastmanns Haus Ermittlungen geführt habe.

Lutz ist gänzlich ahnungslos. Er hat nie davon gehört, dass Schmied als vorgeblicher Privatdozent Dr. Prantl tätig geworden ist. Es kann sich also nur um ein rein persönlich motiviertes Unternehmen gehandelt haben. Von Schwendi liefert jetzt seinerseits eine Deutung der Geschehnisse und beschuldigt den Ermordeten, für eine fremde Macht spioniert zu haben. Er fordert rundweg, die Polizei möge die Finger von seinem Klienten Gastmann lassen. Dr. Lutz hält dem entgegen, Gastmann sei durch die Ermordung Schmieds in den Kreis derer geraten, die einvernommen werden müssen, es sei denn, der Anwalt könnte völlig einwandfrei erklären, warum Schmied im Hause Gastmann unter fremdem Namen aufgetreten sei. Von Schwendi legt jetzt eine Gästeliste vor – getrennt nach Künstlern, Industriellen und Angehörigen einer fremden Gesandtschaft, von deren Kontakten zu gewissen Schweizer Industriellen die Öffentlichkeit um keinen Preis erfahren darf.

Im Auftrag der Industriellen ist von Schwendi gekommen, um die Polizei von dem hochpolitischen Charakter der Vorgänge um den getöteten Schmied in Kenntnis zu setzen.

Als Dr. Lutz erkennt, wo er da hineingeraten ist, fühlt er sich völlig hilflos. Der Nationalrat hat jetzt leichtes Spiel mit ihm. Zwar versucht Lutz noch einmal, die ganze Sache zu bagatellisieren: Selbstverständlich hätten die Industriellen das Recht zu privaten Verhandlungen. Die Polizei mische sich da nicht ein. Schmied sei privat bei Gastmann gewesen und überdies ja nicht allein, sondern neben einer Reihe von Künstlern.

Von Schwendi lässt dies nicht gelten. Die Künstler seien nur zur Tarnung da gewesen für die eigentlichen Verhandlungen. Aber ein Polizist, der dabeisitzt, könne alles erfahren. Für die Schweiz sei es daher ehrenvoller, Schmied gelte als Spion und nicht als Polizeispitzel.

Gastmanns Rolle erklärt der Advokat so: Als jahrelanger Gesandter Argentiniens in China besäße er das Vertrauen der fremden Macht, als ehemaliger Verwaltungspräsident des Blechtrusts dasjenige der Industriellen. Überdies läge sein Haus in dem unbekannten Nest Lamboing besonders unauffällig. Man möge ihn daher mit polizeilichen Maßnahmen in Ruhe lassen.

Dr. Lutz verspricht das. Auch eine Hausdurchsuchung wird es nicht geben. Sollte ein Gespräch tatsächlich unvermeidlich sein, wird es den Charakter einer Plauderei über Kunst tragen. Eine eventuell unvermeidliche Frage zur Sache würde dem Anwalt vorher zur Kenntnis gebracht. Von Schwendi ist es zufrieden. Er weist nochmals darauf hin, dass es um Millionen geht. Seine Gästeliste zurücklassend, trennt er sich von dem konsternierten Untersuchungsrichter.

***

Bärlach kommt, um den Auftrag zu einem Besuch bei Gastmann zu holen. Lutz verweist ihn auf den Nachmittag, weil mittlerweile die Stunde der Beerdigung Schmieds herangerückt ist. Sie fahren im Auto zum Friedhof. Es regnet in Strömen. Bärlach hat wieder Magenbeschwerden.

Als sie auf dem Friedhof ankommen, ist die Trauerfeier für Schmied schon in vollem Gange. Die Vermieterin Schönler ist da, Tschanz, neben sich ein blondes Mädchen namens Anna, eine Menge Polizisten in Zivil.

Gerade als Lutz ein paar ehrende Worte des Gedenkens sprechen will, ertönt ein grölender Gesang. Zwei Betrunkene wanken über den Friedhof, zwischen sich einen großen Lorbeerkranz, den sie über den Sarg werfen. Weitergrölend entfernen sie sich. Auf der Kranzschleife steht: „Unserem lieben Doktor Prantl." Da in diesem Augenblick der Regen zum Wolkenbruch sich steigert, flieht alles vom offenen Grab weg.

***

Bärlach deutet den Kranz als eine Warnung. Er lässt sich zu seinem Haus fahren. Als er in die Wohnhalle tritt, findet er hinter seinem Schreibtisch einen Mann, der Schmieds Mappe durchzublättern im Begriffe ist: Gastmann.

Es zeigt sich, dass die beiden einander seit langem kennen. Dass sich der ungebetene Gast jetzt Gastmann nennt, hat Bärlach seit längerer Zeit gewusst. Auf sein Geheiß ist Schmied als Dr. Prantl bei den Gesellschaften gewesen. Aus dem Munde seines Gegners muss Bärlach hören, dass ihm die Ärzte höchstens noch ein Jahr zu leben geben, vorausgesetzt er lässt sich unverzüglich operieren. Aber gerade dafür hat er jetzt nicht die Zeit, ist doch für ihn die letzte Gelegenheit gekommen, ein vor vierzig Jahren begonnenes Vorhaben zu vollenden: den, der sich jetzt Gastmann nennt, der Verbrechen zu überführen, die seinen Lebensweg säumen.

Folgende Vorgeschichte enthüllt sich: Vor über vierzig Jahren haben sich die beiden Männer in einer gemeinsam durchzechten Nacht in einer Judenschenke am Bosporus kennen gelernt. Bärlach als junger Polizeifachmann vertritt die These, Verbrechen seien Dummheiten, weil Zufälle sie zwangsläufig zumeist an den Tag brächten. Die Gegenthese des Abenteurers: Gerade die Verworrenheit menschlicher Beziehungen machen Verbrechen begehbar, die meisten würden nicht einmal entdeckt. In der Betrunkenheit kommt es zu einer Wette. Vor Bärlachs Augen soll ein Verbrechen geschehen, dass der Kriminalist seinem Wettpartner nicht würde nachweisen können. Drei Tage später stößt dieser einen deutschen Kaufmann von der Mahmudbrücke. Bärlach muss halbertrunken seinen Rettungsversuch aufgeben. Der Mörder kommt ungeschoren davon. Von da an bleibt beider Leben auf merkwürdige Weise – in einer Art Gegenläufigkeit – miteinander verbunden. Bärlach wird ein immer besserer Kriminalist, der andere ein immer kühnerer Verbrecher, der wieder und wieder die Wege seines Verfolgers kreuzt, ohne dass diesem die Überführung in irgendeinem Falle gelungen wäre. Jetzt sind beide an ihre Ausgangsorte zurückgekehrt. Bärlach nach Bern, der andere nach Lamboing, wo er als Dreizehnjähriger aus dem Elternhaus davongelaufen war.

Gastmann nimmt Schmieds Mappe mit sich. Spöttisch erkundigt er sich, ob Bärlach ihn nicht mit dem auf dem Schreibtisch liegenden Revolver hindern wolle, dies zu tun. „Du hast die Munition herausgenommen", vermutet der Kommissär. Ein Irrtum, wie sich dann zeigt. Allein geblieben, erleidet Bärlach einen furchtbaren Schmerzanfall.

***

Einige Zeit später betritt er das Bureau von Dr. Lutz. Zu dessen Erleichterung erhebt Bärlach keinerlei Einwände gegen die von Schwendi gegebenen Zusicherungen. Geduldig hört der Kommissär zu, als Lutz Gastmanns Loblied singt und den Vorfall auf dem Friedhof zu einer Art schlechten Scherz hinunterspielt. Er stimmt sogar zu. Nur als Lutz plötzlich Schmied in Verdacht zieht, bleibt Bärlach stumm.

Schon zum Gehen gewandt, bittet er um eine Woche Krankheitsurlaub. Dr. Lutz ist einverstanden.

In Bärlachs Zimmer wartet Tschanz. Der Kommissär will zu dem Schriftsteller gefahren werden. Wie sich zeigt, hat Tschanz das Auto des toten Leutnants Schmied auf Abzahlung gekauft. Unterwegs fragt er nach dem Inhalt der Mappe aus Schmieds Zimmer. Bärlach beschwichtigt ihn: „Nichts Amtliches, Tschanz, nur Privatsache."

***

Der Schriftsteller empfängt die Gäste nicht sonderlich höflich. Er vermutet, sein Alibi soll überprüft werden. Bärlach gibt zu, dies sei längst geschehen und beginnt, nach Gastmann zu fragen. Man kommt auf dessen Kochkunst zu sprechen, ein Thema, das auch den Alten höchlichst interessiert. Tschanz fragt ungeniert weiter, was für eine Art von Mensch Gastmann sei. Im weiteren Verlauf des Gesprächs, in dem Bärlach wieder die Initiative übernimmt, kommt ein Bild Gastmanns zustande, das von folgenden Zügen geprägt ist: Er ist fähig zu jedem Verbrechen, obwohl nicht der Mörder Schmieds; ein Nihilist reinsten Wassers, der sich im Guten wie im Bösen vom Zufall bestimmen lässt. Er interessiert sich für den Schriftsteller als Typ, als Beobachtungsgegenstand, als Anregung zum Nachdenken über den Menschen.

Bärlach verweist auf sein Geschäft. Er hat es nicht mit einem durch die philosophische Brille gesehenen „Bild" von Gastmann zu tun, sondern mit dem wirklichen Gastmann, dessen Gesellschaft seinen Leutnant Schmied das Leben gekostet hat. Die Aufgaben eines Schriftstellers gleichen eben doch nicht denen der Polizei.

***

Tschanz vermutet, man führe nun zu Gastmann. Doch Bärlach verneint. Er verweist auf die Anordnung von Dr. Lutz. Tschanz beharrt auf seiner Meinung, Gastmann müsse man verhören, ihn und seine Diener. In der Zusage des Dr. Lutz an von Schwendi erblickt Tschanz nichts anderes, als dass man ihm eine Chance hinaufzukommen, endgültig verderben will. Er fleht Kommissär Bärlach förmlich an, noch einmal mit Lutz zu reden.

Bärlach leht kategorisch ab. Er sei krank und alt, brauche seine Ruhe. Tschanz müsse sich selber helfen. Überdies werde er eine Woche Krankenurlaub in Grindelwald verbringen. Tschanz hat seine Selbstbeherrschung nur mit Mühe wiedergefunden.

***

Noch am selben Abend konsultiert Bärlach den Arzt Doktor Samuel Hungertobel, mit dem zusammen er auf dem Gymnasium gewesen war. Es bestätigt sich: Bei Hungertobel ist einmal eingebrochen worden, offenkundig mit dem Ziel, Bärlachs Krankenakte einzusehen. Der Arzt bekräftigt Gastmanns höhnische Prophezeiung. Ein Jahr hat

Bärlach noch zu leben, aber nur, wenn er sich innerhalb der nächsten drei Tage operieren lassen wird. Nur zwei Tage hat Bärlach noch, seine Aufgabe zu vollenden.

***

Mitten in der Nacht schreckt Bärlach aus dem Schlaf. Ein Eindringling ist im Haus. Der Kommissär macht Licht und nimmt seinen Revolver. Durch einen absichtlich herbeigeführten Kurzschluss sorgt der Fremde für Dunkelheit. Die beiden Gegner belauern einander. Bärlach weiß, dass der Mörder für ihn das Schlangenmesser bereit hält. Er muss jetzt etwas tun, um die Gefahr abzuwenden. Drei Schüsse durchs Fenster erreichen die beabsichtigte Wirkung. In der Nachbarschaft wird Licht eingeschaltet. Zwar hat der Mörder das Schlangenmesser noch nach Bärlach geworfen, dann aber die Flucht ergriffen.

***

Eine halbe Stunde lässt der Alte noch vergehen. Dann telefoniert er nach Tschanz. Der kommt bald. Er trägt noch den Pyjama unter dem Wintermantel. Nachdem die Spuren des nächtlichen Kampfes besichtigt sind, will er wissen, ob Bärlach den Einbrecher gesehen hat. Der Kommissär verneint. Aber er weiß genau, wer es gewesen ist. Tschanz bietet an, bei ihm wachen zu wollen. Das wird abgelehnt. Er verlässt das Haus, scheint es sich dann aber anders zu überlegen. Doch bei seiner Rückkehr ist – zum ersten Male – die Haustür verschlossen.

Am anderen Morgen erhebt sich Bärlach, ohne geschlafen zu haben. Das telefonisch herbeigerufene Taxi zum Bahnhof erweist sich, nachdem Bärlach eingestiegen ist, als eine Falle, die Gastmann ihm gestellt hat.

Gastmann droht dem Alten und fordert ihn auf, das Spiel aufzugeben. Er habe Schmied nicht getötet. Bärlach gibt zu, das zu wissen. Aber er will Gastmann dieses unbegangenen Verbrechens überführen, nachdem es ihm nie gelungen ist, ihn der begangenen Verbrechen wegen vor Gericht zu bekommen.

Gastmann droht, ihn bei der nächsten Begegnung zu töten. Doch Bärlach bleibt unerschrocken: Gastmann werde diesen Tag nicht überleben. Der Henker, den er für ihn ausgesucht habe, wird noch am gleichen Tag sein Werk verrichten und das Urteil vollstrecken, versichert der Kommissär auf dem Bahnhofsvorplatz stehend.

***

An der Kirche wartet Tschanz auf Anna, Schmieds ehemalige Verlobte. Er verspricht ihr, noch am gleichen Tag, „Ulrichs Mörder" zu stellen und er erhält dafür das Versprechen des Mädchens, sich mit ihm verloben zu wollen.

Mit dem Auto fährt Tschanz nach Ligerz, wo er den Wagen stehen lässt. Zu Fuß wandert er nach Lamboing zu Gastmanns Haus. Er betritt es durch die offen stehende Haustüre und findet den Hausherrn wie seine beiden ungeschlachteten Diener reisefertig. Gastmann meint bei dem Anblick von Tschanz, das also sei der Sinn von Bärlachs Drohung.

Einer der Diener schießt auf Tschanz und trifft ihn an der Schulter. Tschanz erschießt alle drei Widersacher mit der bereitgehaltenen Waffe.

***

Die polizeiliche Aufnahme des Tatbestandes ergibt, dass jeder der drei Getöteten noch geschossen hat. Eine zweite Verwundung hat Tschanz am linken Unterarm. Man wird ihm die Notwehr glauben. Am Morgen danach zeigt Lutz dem Obersten von Schwendi die Leichen der Getöteten. In der Nacht hat er Gastmanns Tagebücher gelesen. Plötzlich erscheint alles anders: Gastmann ist als Eindringling in die gehobenen Kreise entlarvt. Schmied erscheint als ein ehrgeiziger junger Polizist, der aus Karrieregründen auf eigene Faust Jagd auf Gastmann gemacht hat. Hier liegt auch das Motiv für Schmieds Ermordung, dies umso eher, als man in der Faust eines der Gastmannschen Diener die Mordwaffe gefunden hat. Als Bärlach hinzutritt, schlägt ihm Dr. Lutz in der Bewegung des Augenblicks vor, ihren alten Streit über moderne Kriminalistik zu beenden. Sie hätten beide nicht Recht behalten. Der Fall Schmied sei abgeschlossen.

Der Alte schweigt dazu beharrlich. Das macht Dr. Lutz verlegen. Mit den Toten allein geblieben, deckt Bärlach Gastmanns Bahre auf. Er nimmt gleichsam Abschied als Jäger von seinem Wild, das er ein Leben lang gejagt hat.

***

Für den gleichen Abend acht Uhr ist Tschanz zu Bärlach bestellt. Er findet einen festlich gedeckten Tisch. Mit Erstaunen erlebt er, wie der Alte von einem vielgängigen Mahl jeweils gigantische Portionen verschlingt. Dass er nun endlich Schmieds Mörder gestellt hat, soll gefeiert werden. Tschanz begreift, er ist dem Alten in die Falle gegangen. Im Verlaufe dieses grotesken Mahles enthüllt sich: Tschanz hat Schmied getötet. Bärlach besitzt den Beweis – die Kugel aus dem getöteten Hund. Er hat auch die Komödie mit dem „blauen Charon" durchschaut. Ein paar einfache Telefongespräche haben bestätigt, dass Schmied am Abend seines Todes den anderen Weg genommen hatte. Für die Vorbereitung seines Täuschungsmanövers hat Tschanz den blauen Mercedes der Pension Eiger aus Grindelwald benutzt. Das Motiv war Eifersucht auf den Erfolgreicheren, sein Auto, sein Mädchen, seinen Rang.

Weil Schmied Bärlachs letzte Hoffnung verkörperte, Gastmann doch noch zu stellen, hat der Alte nach Schmieds Tod den Mörder Tschanz zum Vollstrecker seines Willens gemacht, er als Richter, Tschanz als Henker.

Für einen Augenblick will Tschanz nach seiner Waffe greifen, aber auch er sieht, das hätte keinen Sinn.

Bärlach befiehlt ihm zu gehen. Er will keinen mehr richten.

***

Bei Tagesanbruch stürzt Dr. Lutz ins Zimmer. Er berichtet, man habe Tschanz in seinem Wagen tot aufgefunden, von einem Eisenbahnzug erfasst.

Bärlach fühlt sich todkrank. Es ist Dienstag. Hungertobel wird benachrichtigt, damit er ihm zu einem letzten Jahr Leben verhelfe.

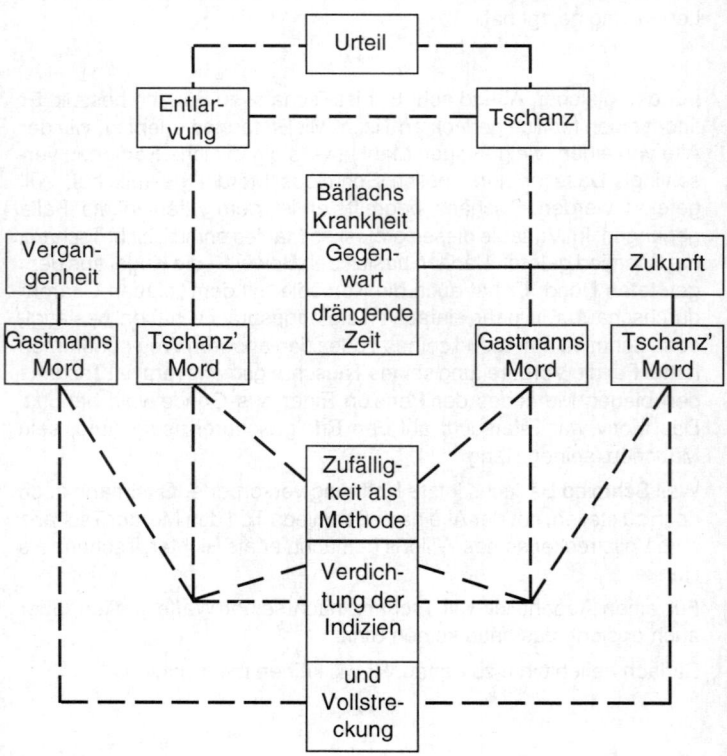

2.2.2 „Der Verdacht"

(I)

Kommissar Bärlach liegt im Berner Salem-Spital. Anfang November 1948 war er eingeliefert worden. Eine Herzattacke hatte den nötigen Eingriff hinausgezögert, der dann glücklich verlaufen war, aber die befürchtete Diagnose Magenkrebs bestätigte. Am 27. Dezember geht es ihm zum ersten Mal besser.

Er blättert in alten Nummern der Zeitschrift „Life" aus dem Jahr 45. Hungertobel ist bei ihm. Es fällt Bärlach auf, dass sein Freund über ein Foto des KZ-Arztes Nehle erschrickt, dass diesen im KZ Stutthof zeigt, wie er gerade eine Vivisektion ausführt. Der Mundschutz verdeckt das Gesicht teilweise. Aber eine charakteristische Narbe an der Augenbraue ist deutlich zu erkennen.

Bärlach will mehr darüber wissen und erfährt, das Bild erinnere Hungertobel an einen Schweizer Arzt namens Emmenberger, der während der Kriegsjahre in Chile gelebt habe und jetzt eine Privatklinik für Reiche in Zürich leitet. Hungertobel kennt ihn aus gemeinsamen Studienjahren und von späteren Stellvertretungen. Er hat Emmenberger – daher die Narbe – selbst einmal operiert. Heute gibt man ihm in Ärztekreisen den Spottnamen „Erbonkel", weil der als Scharlatan verdächtige Hormonspezialist auffallend viele seiner Züricher Patienten beerbt. Der Verdacht ist aufgekommen.

Das Alibi

Am nächsten Morgen bringt Hungertobel dem Freund medizinische Fachzeitschriften aus den Kriegsjahren, darunter ein Exemplar der „Lancet" vom Januar 1945. Als Autor zeichnet der Verdächtige und damit scheint sein Alibi – der Chileaufenthalt – festzustehen.

Bärlach staunt jedoch über den unbeholfenen Stil der Artikel, sagt man doch Emmenberger eine glänzende Feder nach.

Die Entlassung

Am späten Vormittag erscheint Bärlachs Vorgesetzter Dr. Lutz. Er kommt in einer peinlichen Mission. Mit Wirkung vom 1. Januar 1949 wird Bärlach – offiziell wegen des Erreichens der Altersgrenze – pensioniert.

Der Kommissär gibt sich unbewegt, Lutz verabschiedet sich bald, froh, den bissigen Reden des Alten zu entkommen. Schnell bittet ihn der Zurückbleibende noch, über internationale Kanäle Auskünfte einzuholen zur Person des KZ-Arztes Nehle.

Den dicken Polizisten Blatter, der sich von ihm verabschieden will, schickt er mit einer Bestellung zu dem Juden Feitelbach. Dieser möge „Gullivers Reisen" ins Salem schicken.

Die Hütte

Am Abend gibt Dr. Lutz telefonisch das Resultat seiner Erkundigungen bekannt. Nehle sei am 10. August 1945 in einem Hamburger Hotel durch Selbstmord mittels Gift ums Leben gekommen.

Hungertobel will nun den Verdacht nicht länger gelten lassen. Er glaubt jetzt zu wissen, wie er überhaupt darauf gekommen ist. Im Jahre 1908 waren sie, fünf junge Mediziner, gemeinsam zu einer Berghütte aufgestiegen. Einer von ihnen tat in der Hütte einen bösen Sturz von der Leiter, der ihn dem Erstickungstod nahe brachte. Emmenberger als der Entschlossenste nahm eine Notoperation ohne jede Betäubung mit dem Taschenmesser vor, die dem Gestürzten das Leben rettete. Hungertobel steht noch jetzt unter dem entsetzlichen Eindruck, dass Emmenberger damals eine Art teuflische Freude erkennen ließ. Er berichtet weiter, wie der begabte Emmenberger in allen möglichen Vorlesungen herumstudierte, darunter selbst in theologischen, aber nach einem glänzenden medizinischen Abschluss doch nicht zur Ruhe kam, zynisch und verbittert auf seine Umgebung reagierte und eigenartigerweise dann erst in Chile zu ernster, wissenschaftlicher Arbeit fand.

Am Ende hat er mit dieser Geschichte Bärlachs Verdacht eher bestärkt als zerstreut.

Gulliver

Gegen Mitternacht steigt ein riesenhafter Jude im speckigen Kaftan durch das Fenster des Krankenzimmers. Dass Gulliver in der Stadt weilt, weiß Bärlach aus der Zeitung. Dann hat nämlich der arme Feitelbach stets ein wenig Geld und lässt ein Inserat für sein kümmerliches Lädchen in das Blatt rücken. Der Jude hat russischen Wodka mitgebracht und beide beginnen zu trinken. Gulliver erzählt dabei seine Geschichte. Während der Hitlerzeit hatte man ihn von KZ zu KZ geschleppt, bis er im Mai 1945 in einer Kalkgrube als einer von fünfzig Männern vermeintlich erschossen worden war. Seither lebt er ohne Papiere als amtlich für tot Erklärter.

Gulliver ist Nehle in Stutthof begegnet. Dieser hat ihn ohne Betäubung am Magen operiert, was Gulliver wie durch ein Wunder überstanden hat.

Gulliver selbst hat das Foto seines Peinigers unter Lebensgefahr aufgenommen und es später der Zeitschrift „Life" zugespielt. Ein anderes Foto von Nehle existiert nicht.

Aus der Lagerzeit weiß er zu berichten, dass Nehles Grausamkeit von subtilerer Art war als die der übrigen SS-Mörder. Er brachte alle seine Opfer dazu, sich freiwillig zur Verfügung zu stellen, indem er ihnen Hoffnung aufs Überleben machte.

Als Nehle bei Kriegsende – offenbar wohlvorbereitet – untertauchte, sorgte Gulliver für die „Life"-Veröffentlichung. Bald darauf hörte man von dem Hamburger Selbstmord. Gulliver meinte damals, mit seinem so geführten Schlag gegen Nehle recht genau gezielt zu haben.

Nachdem der Jude sich wieder durchs Fenster entfernt hat, beginnt der betrunkene Kommissar den Berner Marsch zu grölen. Die entsetzt herbeistürzende Nachtschwester findet ihn schon fest schlafend.

Die Spekulation

Bärlach verlangt, unter dem Namen Blaise Kramer als reicher Patient in Emmenbergers Klinik nach Zürich geschafft zu werden. Dort will er herausfinden, welcher Nehle in Hamburg gestorben ist. Seine Vermutung: nicht Emmenberger war in Chile, sondern Nehle. Währenddessen hat Emmenberger unter des anderen Namen in Stutthof gemordet. In Hamburg könnte ein Mord geschehen, aber ein Selbstmord vorgetäuscht worden sein. Bärlach will diese und andere sich spekulativ ergebenden Möglichkeiten überprüfen. Hungertobel hält nichts davon. Und doch stimmen die Kennzeichen beider Personen – des Toten und des Lebenden – vollständig überein. Das bestätigen auch Hamburger Polizeifotos, die Dr. Lutz mit der Akte geschickt hat. Auch Nehles Lebenslauf ist darin enthalten, der interessante Details enthält.

Im Ersten Weltkrieg diente er als Sanitätssoldat und entdeckte dabei seine große Neigung: die Medizin. Zweimal versuchte er extern die Hochschulreife zu erlangen, beide Male vergeblich, gescheitert an den alten Sprachen und der Mathematik. Als Wunderdoktor fand er dann viel Zulauf, kam aber auch mit den Gesetzen in Konflikt. 1938 endlich – Emmenberger war angeblich seit einem Jahr in Chile – gelang ihm gewissermaßen aus dem Handgelenk die Maturität. Das Studium der Medizin wurde ihm erlassen. Er bestand das Staatsexamen mit glänzenden Ergebnissen und ging dann zum allgemeinen Erstaunen als Arzt in den SS-Dienst für die Konzentrationslager.

Die Stilanalyse der Zeitschriftenartikel bestätigt auf ihre Weise, dass Bärlachs Verdacht keineswegs haltlos ist. Ihr medizinischer Sachinhalt beeindruckt, die Sprache hingegen kann schwerfälliger kaum sein.

Noch ein Besuch

Laut über die Verkehrspolizei schimpfend betritt ein anderer Besucher am Nachmittag Bärlachs Krankenzimmer, der Schriftsteller

Fortschig. Ein hässlicher Mensch von armseligem Aussehen und lächerlichem Betragen, hat er auf seinem Wege durchs Spital schon allerhand Wirrwarr angerichtet.

Der Herausgeber eines obskuren Blättchens namens „Apfelschuß" ist von dem Kommissär für eine besondere Aufgabe ausersehen worden. Er soll dreihundert Exemplare seiner Postille herstellen – Bärlach zahlt sie alle – die einen bestimmten Artikel enthalten. Der Auftraggeber hat den Inhalt zu Papier gebracht, allein, veröffentlicht will er ihn haben in Fortschigs Diktion. Einen Angriff auf einen Arzt wird er enthalten und fälschlicherweise behaupten, der Verfasser besitze die Beweise für seine Behauptungen. Um seiner Sicherheit willen müsse Fortschig sofort nach der Postauslieferung für zehn Tage nach Paris reisen. 500 Franken und die nötige Fahrkarte liegen beim Notar für diesen Zweck bereit. Von der Reise darf aber niemand auch nur ein Wort erfahren. 400 Franken kommen hinzu für die Sondernummer des „Apfelschuß". In finanzieller Euphorie verspricht Fortschig, genau so zu handeln, wie es der Kommissär von ihm verlangt. Bärlach verspürt dennoch Unruhe und denkt einen Augenblick daran, den entschwundenen Fortschig polizeilich überwachen zu lassen. Dann aber erinnert er sich, dass dies allein sein Fall bleiben soll.

(II)

Der Abgrund

In den Abendstunden des Silvestertages trifft Hungertobel mit Bärlach in Zürich ein. Schneeregen hat eingesetzt. Sie fahren einen Umweg durch die Stadt, der am Schauspielhaus (einer Wirkungsstätte Dürrenmatts) vorbeiführt.

Der Zwerg

Vor dem Spital „Sonnenstein" angekommen, muss Bärlach allein im Auto warten. An einem Fenstergitter neben dem Eingang erscheint plötzlich ein grotesk unproportionierter Zwerg, um gleich wieder zu verschwinden.

Hungertobel kehrt mit der Nachricht zurück, Bärlach solle noch untersucht werden. Der will die Gelegenheit für ein erstes „Verhör" nutzen und er verabschiedet sich schnell von dem Freund.

Auf einem Rollbett holt ihn eine gemütlich aussehende Schwester ins Haus. Von einem Zwerg weiß sie angeblich nichts.

Das Verhör

Neben Dr. Emmenberger wartet seine schöne Assistentin, Frau Dr. Marlok. Bärlach kommt sofort zur Sache. Er fragt, ob Emmenberger in Deutschland gewesen sei, registriert eine daraufhin entzündete Zigarette als Anflug von Nervosität und stößt nach: Seine Aufgabe wäre es Jagd zu machen auf Kriegsverbrecher. Emmenberger scheint unbeeindruckt, raucht aber nun schon die dritte Zigarette. Das Gespräch verläuft in einer merkwürdigen Atmosphäre der Doppeldeutigkeit mit mancherlei Zwischentönen.

Bärlach zieht eine Parallele zwischen seinen Methoden und denen Emmenbergers. Der Arzt habe ihn im Operationsraum untersucht, um Furcht auszulösen, damit er als Patient besser zu beherrschen sei. Auch er könne jetzt nur noch Furcht anwenden, um den von ihm verfolgten Kriegsverbrecher hier in der Schweiz in die Enge zu treiben. Die Konfrontation endet mit der Feststellung des Arztes: „Die Hauptsache ist, daß ich Sie vorerst in Obhut genommen habe", was wohl als „in meiner Gewalt" zu deuten ist. Die eigentliche Untersuchung soll erst nach Neujahr erfolgen. Bärlach bekommt ein Beruhigungsmittel und wird nach Zimmer fünfzehn gebracht. Dort hat man ihn „besser unter Kontrolle".

Das Zimmer

Bärlach meint, nach etwa drei Stunden zu erwachen. Die herbeigerufene Schwester Kläri muss das Licht einschalten. Das Zimmer verfügt über eine Spiegelglasdecke, die Bärlach seinen abgemagerten Zustand bewusst werden lässt. Zu seiner auch im übrigen seltsamen Ausschmückung gehört Rembrandts „Anatomie".[22]

Der Kommissär verlangt an der Stelle dieses Bildes Dürers „Ritter, Tod und Teufel".[23]

Mit herzloser Brutalität offenbart ihm Schwester Kläri, er liege im Sterbezimmer und sie nutzt die Gelegenheit, ihr selbstverfasstes Traktat über den Tod an den Mann zu bringen.

Diesmal bestätigt sie ungerührt die Existenz des Zwerges, als Bärlach erneut darauf zu sprechen kommt.

Um Mitternacht bleiben zu des Alten Schrecken die Neujahrsglocken aus. Das Zimmer wirkt immer unheimlicher, zumal die Fenster vergittert sind.

Doktor Marlok

Anzuschauen wie ein altes Weib, tritt die Ärztin ein. Erst eine Morphiuminjektion in den Oberschenkel richtet sie wieder her. Eine Zeitung hat sie mitgebracht, auf deren erster Seite Bärlachs Konterfei prangt zu Ehren seiner Pensionierung. Seine falsche Identität ist also durchschaut worden. Doch viel mehr erschreckt den Kommissär, dass das Blatt vom 5. Januar stammt. Es ist, als sei die Zeit sei dem Silvesterabend einfach ausgelöscht. Eine Insulinkur habe der Chef mit ihm gemacht, erklärt die Marlok. Bärlach tritt die Flucht nach vorn an. Er beschuldigt Emmenberger der Tätigkeit als SS-Arzt und des

---

22 Die Anatomie des Dr. Tulp, 1632.– Die bloßgelegten Sehnen des Armes einer Leiche bilden den Mittelpunkt dieses Gruppenbildes
23 Kupferstich, 1513

Mordes an Nehle. Die Ärztin bestätigt alles ungerührt. Seit Stutthof ist sie Emmenbergers Geliebte. Als junge Kommunistin aus der Sowjetunion abgeschoben, war sie in das Lager gekommen und hatte sich ihm hingegeben, um zu überleben.

Die Hölle der Reichen

Die Ärztin begründet ihre Mittäterschaft an Emmenbergers Verbrechen mit ihrer Morphiumsucht. Das Spital dient dem Sterben der Reichen. Auch hier führt Emmenberger Vivisektionen aus, immer an freiwilligen Opfern, die er mit der Hoffnung auf das Weiterleben ködert und die er nicht selten auch noch beerbt. Dies mitten in der Schweiz, ohne von Polizei und Justiz behelligt zu werden.

Er gibt den Reichen und Mächtigen, was sie wollen: „Qualen, nichts als Qualen."

Wieder hört Bärlach, er sei ein Narr, sich dagegen zu wehren, dass solches geschieht. Das Leben lehre, dass der Kampf gegen das Böse sinnlos ist.

Nur die Sucht schenke ihr noch Träume von der Welt, wie „ein Gott sie erschaffen hat". Emmenberger bezeichnet sie als „Höllenfürsten". Im Hinausgehen wirft sie ein Kuvert und eine Zeitung auf Bärlachs Bett.

Ritter, Tod und Teufel

Der Kommissär versucht vergeblich, die Unterstützung von Schwester Kläri zu gewinnen. Ihr Chef habe soeben das Traktat gelesen und sich bekehrt, erklärt sie begeistert. Vorher hätte er aus Hass getötet. Das ist nun vergeben, denn fortan wird er aus Liebe töten. Bärlachs Drohung, sie wegen Mitwisserschaft zu belangen, wird kühl abgetan mit dem Hinweis, schließlich befinde er sich in der Abteilung drei. Es ist die, in der man stirbt.

Wütend öffnet der Kommissär das Postkuvert. Es enthält den „Apfelschuß".

Ein SS-Folterknecht als Chefarzt

Fortschigs Artikel wird im Wortlaut wiedergegeben. Er greift darin einen anonym bleibenden Chefarzt einer Züricher Privatklinik als Massenmörder an, behauptet, entsprechende Beweise zu besitzen und fordert ihn auf, sich der Kriminalpolizei zu stellen.

Bärlach findet den Text so, wie er ihn wollte, sieht aber ein, dass er sich hinsichtlich der erhofften Wirkung getäuscht hat. Fortschig schwebt jetzt in Lebensgefahr, wenn er nicht nach Paris gefahren ist. Neue Hoffnung kommt auf, als ein Arbeiter das Zimmer betritt, das bestellte Bild anzubringen. Bärlachs Versuch, diesen Menschen auf seine Seite zu ziehen, scheitert abermals. Der Arbeiter ist taubstumm. So schlägt er resigniert das „Bernische Bundesblatt" auf. Ein Nachruf auf Fortschig ist dort abgedruckt.

Fortschig +

Auch dieser Artikel wird im Wortlaut wiedergegeben. Neben einem kurzen Lebensrückblick schildert er den Verlauf der letzten Tage. Fortschig, ständig betrunken, hatte überall herumerzählt, er werde nach Paris reisen. Endlich lud er einige Freunde zu einem Abschiedsessen in seine schäbige Wohnung ein. In der von innen verschlossenen Toilette wird er erschlagen aufgefunden, als den Gästen auffällt, wie lange er dort verweilt. Eine Erklärung gibt es nicht. Die Wohnung liegt im vierten Stock; das winzige Toilettenfenster lässt keinen Menschen passieren. So vermutet man einen tödlichen Sturz. „Der Zwerg", wird Bärlach schlagartig klar. Er hat es herausgeschrien. Eine Stimme gibt ihm von der Tür her recht. Emmenberger ist gekommen.

Die Uhr

Er ist gekommen, um Bärlach die Stunde seines Todes zu verkünden. In achteinhalb Stunden wird er ihn umbringen – um sieben Uhr abends. Emmenberger berichtet mit einer gewissen Eitelkeit von der Tötung Fortschigs mit Hilfe des verwachsenen Zwerges.

Dann lässt er erkennen, dass auch Hungertobel seiner Aufmerksamkeit keineswegs entgangen ist.

Bärlach ist ängstlich bestrebt, die Gefahr von seinem Freunde zu wenden. Hungertobels Beseitigung sei längst beschlossene Sache. Der Zwerg wird auch ihn töten, noch am selben Nachmittag.

Der Kommissär resigniert. Die Uhr im Zimmer wird mit ihrem Ticken zum schrecklichen Symbol des herannahenden Todes. Er nennt Emmenberger einen Nihilisten, einen, der an nichts glaubt.

Dies löst eine ausschweifende Replik aus, die in der Verkündigung von Emmenbergers „Kredo", seinem Glaubensbekenntnis, gipfelt. Im Kern läuft es auf das Folgende hinaus:

Emmenberger glaubt nicht an einen Gott, sondern an die Materie, die zugleich Kraft und Masse ist. Sein Ich ist nichts anderes, als ein zufälliger Augenblick in der Existenz der Materie, also frei von allen Geboten des Humanismus, von allen sittlichen Einschränkungen. Mithin kann es tun, was es will.

Nicht ewige Gesetze regieren die Welt, sondern nur der Zufall, das Lotteriehafte. Allein die Freiheit zählt, weil es von der Materie her keine Gerechtigkeit geben kann. Die Freiheit sei der Mut zum Verbrechen, weil sie selbst ein Verbrechen ist.

Bärlach bringt es auf den Nenner: „Sie glauben an nichts als an das Recht, den Menschen zu foltern!"

Emmenberger lobt dieses Fazit. In den Qualen seiner Opfer findet er seinen Triumph und seine Freiheit. Geradezu leidenschaftlich begehrt er nun, Bärlachs Kredo zu vernehmen – das eines Christen, oder wenigstens jenes, das der Gerechtigkeit vertraut. Doch Bärlach schweigt.

Nach dem Modell von Stutthof – Gulliver hat so überlebt – verspricht er Bärlach die Freiheit, wenn dieser nur ein gleichermaßen festes, überzeugendes Kredo äußern wollte, wie er selber es vorgetragen hat. Auch Hungertobel bliebe in diesem Falle ungeschoren. Doch Bärlach schweigt beharrlich[24] und Emmenberger lässt ihn endlich mit der drohend tickenden Uhr allein.

Ein Kinderlied

Nur noch dieses Ticken zählt in den nächsten Stunden, während Bärlach den Tod erwartet. Aus dem Bett gestürzt, versucht er, die Türe zu erreichen, kommt aber nicht an die Klinke heran.

Als sich zur vorbestimmten Zeit die Tür öffnet, steht nicht der Mörder auf der Schwelle, sondern der Retter.

Der Jude Gulliver tritt ein, das Kinderlied vom „Hänschen klein" singend und damit Bärlachs Situation gleichsam karikierend.

Diesmal gibt es keinen russischen Wodka, sondern geklauten schweizerischen Kartoffelschnaps.

Wie der „Gott aus der Maschine" im antiken Drama bringt Gulliver die Klärung aller Probleme mit: Bärlach gerettet, Hungertobel unversehrt, der Zwerg beim Juden geborgen.

Freilich zeigen sich hier die Folgen bedachten Handelns. Gulliver, wohl merkend, dass Bärlachs Erkundigungen nach Nehle mehr bedeuten, als dieser zugab, hat den Kommissär seit dem ersten Besuch in Bern nicht mehr aus den Augen verloren.

Emmenberger ist von dem Riesen hingerichtet worden auf die gleiche Weise, wie einst der unschuldige Nehle sterben musste. Man wird auch diesmal einen Zyankali-Selbstmord feststellen.

Märchenhaft, wie Gulliver in die Handlung getreten ist, verschwindet er mit dem Mörderzwerg auf den Armen durch die auseinander gebogenen Fensterstäbe des Zimmers fünfzehn.

In der Tür aber erscheint Hungertobel, bereit, den Freund nach Bern zurückzuführen für ein letztes Lebensjahr, das schon begonnen hat.

---

24 Und gibt den Interpreten des Romans eine vieldiskutierte Frage auf (Knopf, Spycher, Goertz u. a.)

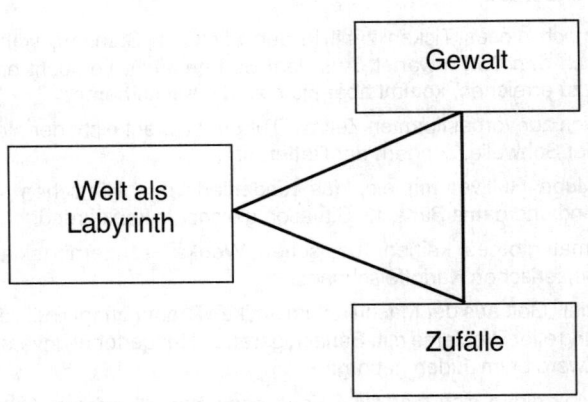

2.3 Erläuterungen zu den Romanen

2.3.1 „Der Richter und sein Henker"

1. Kapitel

Konstantinopel: (nach Konstantin d. Gr.), türk. Stambul, Istambul; 1453-1919 Hauptstadt, bis 1922 noch Sitz des Sultans

die Toteninsel: bekanntes Werk des Malers Arnold Böcklin (16. Okt. 1827) in Basel geb.; gest. 16. Januar 1901 in San Domenico die Fiesole)

Himalaja: (Sanskrit „Schneewohnung"); höchstes Gebirge der Erde; reicht als Südrand von Hochasien und Scheidemauer zwischen Indien und Tibet in einem Bogen von NW nach SO vom Indus bis zum Brahmaputra (Mount Everest 8840 m)

2. Kapitel

Du Théâtre: Restaurant in Bern; im Kriminalroman „Justiz" von 1985 ist es der Tatort eines Mordes; auf Seite 584 GW, B. 4 heißt es „Das Du Théâtre ist mit seiner Rokokofassade eines der wenigen Renommierstücke unserer hoffnungslos verbauten Stadt."

Kanton: eigtl. frz. Bezirk, Kreis; in Frankreich die Unterabteilungen der Arrondissements; in der Schweiz die Einzelrepubliken, hier Kanton Bern

3. Kapitel

Indizien: lat. Merkmale, Anzeichen, Verdachtsgründe; Singular: Indiz

4. Kapitel

Charon: in der griechischen Sage ein greiser, ungepflegter, bösartiger Fährmann, der in der Unterwelt die Toten mit seinem Kahn über den Acheron setzte. Dafür erhielt er als Fährgeld einen Obolus, den man den Toten in den Mund legte. Lebende durfte er nicht übersetzen. – Gemälde von Böcklin „Die Toteninsel"

5. Kapitel

Wega: Stern im Sternbild der Lyra; 40 Lichtjahre von der Erde entfernt

Capella: lat. „Ziege"; Stern 1. Größe im Fuhrmann

Aldebaran: Stern aus der Gruppe der Hyaden im Sternbild des Stiers (Hyaden = Sterngruppe im Kopf des Stiers)

Jupiter: der größte Planet unseres Sonnensystems; Äquatordurchmesser 144 600 km; Umlaufzeit 11 Jahre 315 Tage

6. Kapitel

Juranest: Schweizer Jura, vom Rhonedurchbruch bis zum Kanton Schaffhausen verlaufendes Faltengebirge; ein kleiner Ort im Schweizer Jura

Mano: Mann; hier als Anrede für sozial Tieferstehende

Nationalrat: parlamentarische Körperschaft der Schweiz; bildet zusammen mit dem Ständerat die Bundesversammlung; auch Titel für deren Mitglieder

Separatist: Anhänger der Loslösung vom Staatsganzen

Helvetter: Die ersten historischen Bewohner der Schweiz nannten sich Helvetier; Helvetia ist der lat. Name der Schweiz

Assassin: frz. „Mörder"

On a rien trouvé: man hat nichts gefunden

n'était paschez: dem Sinne nach: Schmied hat Gastmanns Schwelle nicht überschritten

impossible: unmöglich

Un monsieur très riche: ein sehr wohlhabender Herr

très noble: sehr großzügig

fiancée: Verlobte

comme un roi: wie ein König

jamais: niemals; hier als Bekräftigung: auf gar keinen Fall

Un chien très dangereux: ein sehr gefährlicher Hund

8. Kapitel

Lucius: lat. „der Hecht"

Schlacht am Morgarten: Bergabhang am Ostufer des Ägerisees im Kanton Zug; hier am 15. November 1315 Sieg der Waldstätte über die Österreicher unter Erzherzog Leopold

Niklaus Manuel: genannt Deutsch; Maler und Dichter, geb. um 1484 in Bern, gest. daselbst 30. April 1530

9. Kapitel

von Gunten: dies ist der Name des Hausierers, dem im Roman „Das Versprechen" der Tod der Gritli Moser angelastet wird

10. Kapitel

Kornetts: Pl., Blechblasinstrument mit kurzem Rohr, enger Mensur und 2 oder 3 Ventilen, von höherer Tonlage als die Trompete

Fagotte: Pl., Holzblasinstrument, besteht aus einer doppelten Röhre mit 8 Tonlöchern und meist 10 und mehr Klappen

11. Kapitel

Bosporus: Straße von Konstantinopel, Meerenge zwischen dem Schwarzen Meer und dem Marmarameer

Führe uns nicht in Versuchung: Textstelle aus dem Vaterunser, das Jesus die Jünger in der Bergpredigt als Mustergebet lehrt

blasphemisch: gotteslästerlich

12. Kapitel

Kreuz der Ehrenlegion: franz. Orden, gegründet am 19. Mai 1802 zur Belohnung von Verdiensten im Zivil- und Militärdienst; zehneckiges Kreuz aus weißer Emaille an rotem Bande, Ordensspruch: „Honneur et Patrie" (Ehre und Vaterland)

13. Kapitel

Bannwart: Aufseher über den Bannforst

Nihilist: Bezeichnung für die Anfänger einer umstürzlerischen Theorie, die ihren Ursprung auf Turgenjews Roman „Väter und Söhne" (1861) zurückgeführt haben; ursprünglich sozialrevolutionäre Propaganda, ab 1878 jedoch auch terroristische Aktivitäten; z. B. Attentate auf hohe Staatsbeamte und Kaiser Alexander II.

14. Kapitel

soigniert: frz., span.; gepflegt

Potenz: hier „Leistungsfähigkeit" auf kriminellem Gebiet; Gastmanns Fähigkeit zu morden

17. Kapitel

Physikum: medizinisches Vorexamen (Tentamen physicum), das nach fünfsemestrigem Studium abgelegt wird und die vorklinischen Fächer umfasst: Anatomie, Physiologie, Entwicklungsgeschichte, Chemie, Physik, Zoologie, Botanik

Den Fontane: das Buch von Theodor Fontane; Schriftsteller geb. 30. Dezember 1819 in Neuruppin, gest. 20. September 1898 in Berlin; Schilderer der Landschaft und des Volkstums insbesondere in der Mark

19. Kapitel

konsterniert: bestürzt, verwirrt

Labyrinth: lat. Labyrinthus; in der griechischen Sage ein von Daidalos für den kretischen König Minos bei Knossos errichtetes Gebäude, aus dessen verschlungenen Gängen niemand mehr herausfand; nur Theseus gelang der Rückweg mit Hilfe des Garnknäuels der Ariadne

2.3.2 „Der Verdacht"

Life: englischsprachiges Nachrichtenmagazin („Leben")

Santiago: Santiago de Chile, Hauptstadt der Republik Chile, am Mapocho

Hormone: Drüsenwirkstoffe

Das Alibi

Vitalität: Lebensfähigkeit, Lebenskraft

Lancet: Lanzette, Wundnadel, zweischneidiges chirurgisches Instrument zum Aderlassen; hier Name einer angesehenen Ärztezeitschrift

Sekretion: Absonderung

Little Rose of Sumatra: Kleine Rose von Sumatra, Name einer Zigarrenmarke

Die Entlassung

Molière: Jean Baptiste Poquelin (1622-1673), genannt Molière; frz. Lustspieldichter (Der eingebildete Kranke, Tartuffe)

Balzac: Honoré de Balzac (1799-1850), frz. Romancier (Vater Goriot, Das Chagrinleder; 17-bändiges Sammelwerk „Die menschliche Komödie")

Hagia Sophia: Sophienkirche in Konstantinopel

Gullivers Reisen: politische Satire von Jonathan Swift (1667-1745); „Gullivers Reisen" erschien 1726 in England.

Die Hütte

infernalisch: die Unterwelt betreffend, höllisch, teuflisch

Apathie: Gefühllosigkeit, Gleichgültigkeit

Traktat: urspr. Flugschrift religiösen Inhalts, die von religiösen Vereinen, zuerst in Schottland 1796, verbreitet wurden, um das Gemeindeleben anzuregen

Astrologie: Sterndeuterei, schon im Altertum betrieben

vom Sophistischsten: „Weisheitslehre", phil. Strömung in der griech. Antike, die später in den Ruch inhaltsloser Deklamation kam; hier übertragene Bedeutung: Spitzfindigkeit

Gulliver

Kaftan: Urtracht Mittelasiens für beide Geschlechter, kam durch Mongolen und Tataren in den Kaukasus und nach Russland

arische Frau: (von sanskr. arja = Herr); Bezeichnung für die indogermanischen Bewohner Irans und Vorderindiens; in der faschistischen Rassengesetzgebung abgrenzende Bezeichnung für Nichtjuden

Dante: Dante Alighieri (1265-1321); bedeutender Dichter Italiens, Hauptwerk „La Divina Commedia" = Die göttliche Komödie; hier ist auch die Höllenvision enthalten, auf die im Text mehrfach angespielt wird

Syllogismus: in der Logik die Ableitung eines Schlusses aus mehreren anderen; auch mittelbarer Schluss genannt

Kriminologie: die Lehre vom Verbrechen

Ahasver: der Ewige Jude; der Sage nach der Schuhmacher Ahasverus, der Jesus auf dem Weg nach Golgatha vor seinem Hause nicht ausruhen ließ und nun umherwandern muss bis zum Jüngsten Gericht

Talmudisten: Talmud = neuhebr. Belehrung; das Gesetzbuch des nachchristlichen Judentums; die Grundlage seiner religiösen und bürgerlichen Einrichtung; Talmudschüler

Jehova: Jahve; Name des Gottes Israels in der seit dem 16. Jahrhundert von Christen veränderten Form

Phenol: Karbolsäure

Magenresektion: Ausschneiden eines erkrankten Stücks; im Falle Gullivers wurde gesundes Material entnommen

fakultativ: wahlfrei, dem eigenen Ermessen überlassen

Die Spekulation

Korrektionshaus: Besserungsanstalt

Maturität: Matura = die Reifeprüfung; Voraussetzung zum Besuch einer Hochschule

Kant: Immanuel Kant (1724-1804); deutscher Philosoph

Gastrolyse: diagnostisches Verfahren zur Magenuntersuchung

Noch ein Besuch

Lessing: Gotthelf Ephraim Lessing (1729-1781), deutscher Dichter und Kritiker (Nathan der Weise, Emilia Galotti)

Henzi: Samuel Henzi (1701-1749), schweizerischer Patriot und Dichter (Trauerspiel „Grisler" = Geßler)

Adjunkt: Gehilfe, Amtsgehilfe, österr. ein Beamtentitel

Don Quijote: der Ritter von der traurigen Gestalt, Held eines berühmten Romans von Miguel de Cervantes Saavedra (1547-1616)

...und wie man einmal in einem tausendjährigen Reich den Revolver usw.: Anspielung auf einen Ausspruch, der neben Göring auch anderen zugeschrieben worden ist

Sodom und Gomorrha: zwei sagenhafte Städte in Palästina, nach 1. Mos., 19 wegen der Gottlosigkeit ihrer Bewohner vernichtet

wie der Herkules den Stall des Augias ausmistet: Herakles, griech. Heros, musste der Sage nach zwölf schwere, gefährliche Arbeiten verrichten, darunter die genannte an einem einzigen Tag, wozu er zwei Flüsse umleitete: „Herkules und der Stall des Augias" – Hörspiel von Friedrich Dürrenmatt

Moses: hebr. Moscheh, nach Tradition Befreier, Religionsstifter und Gesetzgeber der Israeliten um 1500 v. Chr.

Der Abgrund / Der Zwerg / Das Verhör / Das Zimmer

Botticelli: Samoro Botticelli, eigentl. Alessandro Filipepi (1445 oder 47-1510) ital. Maler

Lernhilfen, Interpretationen und klassische Texte aus dem C. Bange Verlag

Briefmarke nicht vergessen

☐ Bitte senden Sie mir an die untenstehende Adresse laufend kostenlos Prospekte und Kataloge über Bücher aus dem C. Bange Verlag.

Tel.: 09274/94130 - Fax: 09274/94132 - email: service@bange-verlag.de

☐ Gesamtverzeichnis
☐ Verz. Königs Erläuterungen u. Lektüren
☐ Verzeichnis d. kl. Übersetzungsbibliothek griech. und röm. Klassiker

Versandanschrift: (02/2000)

Name:..

Kunde: ☐ Lehrer ☐ Student/Schüler ☐ Sonst.

Straße u. Nr.:..

Wohnort:..

Antwort

C. Bange Verlag
und Versandbuchhandlung
Postfach 11 60

D-96139 Hollfeld

kurz & bündig

Die ideale Hilfe im Westentaschenformat!!

„kurz & bündig" behandelt wichtige Schreibformen der Mittelstufe und der Oberstufe!

Die Reihe ist für alle diejenigen konzipiert, die sich schnell auf eine bevorstehende Klassenarbeit oder eine Prüfungsklausur vorbereiten müssen. Wer Unterrichtsstoff zur eigenen Sicherheit nacharbeiten oder sich intensiv auf die nächste Unterrichtsstunde vorbereiten will, der findet in „kurz & bündig" genau den richtigen Lernpartner. Die Bücher enthalten jeweils Anleitungen, Aufgaben und Übungen.

Format 100x160 mm
je Band
DM 12,80 / öS 93,00 /
sFr 12,50 / Euro 6,54

Bd. 1 Erörterung - (Mittelstufe)
Bd. 2 Erörterungen - (Oberstufe)
Bd. 3 Bildbeschreibung,
Charakteristik, Referat (Mittelstufe)
Bd. 4 Textanalyse (Oberstufe)
Bd. 5 Inhaltsangabe (Mittelstufe)
Bd. 6 Grammatik (Mittelstufe)

weitere Bände folgen!!

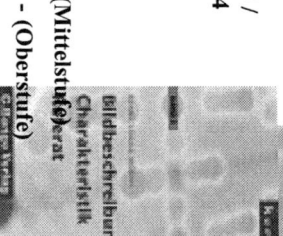

Datum / Unterschrift: (bei Minderjährigen der gesetzl. Vertreter)

Doktor Marlok

Insulin: Hormon der Langerhansschen Inseln der Bauchspeicheldrüse, Heilmittel bei Zuckerkrankheit

der Postkartenmaler mit dem lächerlichen Schnurrbart...: gemeint ist Adolf Hitler

der famose Pakt: der Hitler-Stalin-Pakt von 1940

Tartarus: griech. Tartaros, nach Homer ein dunkler, noch unter der Unterwelt gelegener Abgrund, der mit ehernen Pforten geschlossen war

Die Hölle der Reichen

Katarakt: Stromschnelle, Wasserfall

c'est ca: dem Sinne nach „was soll's", „nicht so wichtig"

Ritter, Tod und Teufel

Bigotterie: Scheinheiligkeit, Frömmlertum

Sektierer: Anhänger einer Sekte, d. h. einer kleinern religiösen Gemeinschaft, die ihrer speziellen Lehre folgt

Ein SS-Folterknecht als Chefarzt

Pestalozzi: Heinrich Pestalozzi (1746-1827), schweizerischer Pädagoge

Fortschig +

expressionistische Dramen: Ausdruckskunst, artikulierte sich oft als Sympathie mit Außenseitern, pflegte die antibürgerliche Attitude in avantgardistischer Manier

herostratisch: frevelhaft, ruhmsüchtig; Herostrat = Verbrecher aus Ruhmsucht

Die Uhr

fatales Indizium: unangenehmes Anzeichen, verhängnisvoller Verdachtsgrund

Heinrich Himmler: „Reichsführer SS" und Chef der Polizei im Hitlerreich (1900-1945); Hauptinitiator der nazistischen Rassenpolitik

Kredo: Glaubensbekenntnis

Dreieinigkeit: Dreifaltigkeit, Trinität, in der christlichen Lehre die Einheit von Vater, Sohn und Heiligem Geist

Archimedes: der bedeutendste Mathematiker und Physiker des Altertums (um 287 v. Chr. - 212 v. Chr.); erbringt den Beweis des Hebelgesetzes

Ein Kinderlied

SBB: Schweizer Bundesbahn

ad absurdum: ad absurdum führen = das Widersinnige nachweisen

Minotaurus: „der Minosstier", Ungeheuer in der griech. Sage mit Menschengestalt und einem Stierkopf

Alraunwurzel: einer menschlichen Gestalt ähnelnde Wurzel, die sowohl Glück wie Gefahr symbolisiert

Argos: in der griechischen Sage ein vieläugiger Wächter, daher „Argusaugen"

Odyß: Odysseus, in der griech. Sage tapferer, „erfindungsreicher" Held im Trojanischen Krieg; König von Ithaka; seine Abenteuer sind seit der Antike in Kunst und Literatur ein beliebter Gegenstand

Hügel Golgotha: Hügel bei Jerusalem, auf dem Jesus gekreuzigt worden ist

Nekrolog: Biographie, die einem kürzlich Gestorbenen zu Ehren veröffentlicht wird

Sisyphos: in der griech. Sage Gründer oder König von Korinth, gilt auch als Vater des Odysseus

2.4 Zu den literarischen Figuren der Romane

Bärlach

Der ehemalige Vorgesetzte des ermordeten Schmied präsentiert sich als ein kauziger, bejahrter Mann, der partout nicht in das gängige Detektivbild passen will.

Im Pensionsalter stehend, todkrank und daher Diesseitigem beinahe schon entrückt, sieht er sich einem Geschehen gegenüber, das ihm Krimi-Aktionismus abverlangt, die Verteidigung des eigenen Lebens und ein überaus raffiniertes Spiel mit Menschen, gerade als seien sie Schachfiguren.

Der Reiz dieser literarischen Gestalt erwächst aus ihrer Widersprüchlichkeit.

Da ist zum einen die weltläufige Vergangenheit des hochkarätigen Polizei-Spezialisten: Ein Jahrzehnt hat er in den Diensten der Türkei gestanden und von Konstantinopel aus die Kriminalpolizei reformiert – zum Modernen, Effizienteren hin, wie man wohl annehmen darf. Später war er in der Weimarer Republik Chef der Kriminalpolizei von Frankfurt am Main. Doch aus der deutschen Karriere wurde nichts, weil er 1933 einen hohen Beamten der neuen deutschen Regierung – also einen arrivierten Nazi – kurzerhand geohrfeigt hat. Nach Bern muss er zurück, glücklicher Schweizer, der er ist. Einen Deutschen hätte es wohl den Kopf gekostet.

Aus den Wanderjahren ist ihm die Liebe zur internationalen Kochkunst geblieben, der Verstand für Wein und gute Zigarren – aber merkwürdigerweise nicht die geringste Weltläufigkeit.

Ein knorriger Einzelgänger ist aus ihm geworden mit absonderlichen Gewohnheiten, schwer zu behandeln von Vorgesetzten und Untergebenen, fortschrittsskeptisch und misstrauisch gegenüber der wachsenden Technisierung. Sein Haus hat keine Klingel, es bleibt ständig unverschlossen. Ihm, dem einstigen Reformer, ist die moderne, wissenschaftliche Kriminalistik suspekt.

Autos fahren für seinen Geschmack prinzipiell zu schnell und der Ärztestand genießt sein Vertrauen ebenfalls nicht.

Gleichsam charakteristisch für Bärlach ist die Anlage der Bücherhalle in seinem Haus im Altenberg an der Aare. Fenster fehlen, die einen Teil der selbstgewählten Isolierung aufheben würden, nicht aber Türen, die in andere Räume führen.

Alles in allem genommen, führt Bärlachs Art, sich zu geben, seine gewissermaßen bärbeißige Biederkeit dazu, dass man geneigt ist, ihn zu unterschätzen. Dabei erweist er sich als kühler Rechner, der auch solche Situationen mit Verstandeskraft meistert, die leicht dazu führen könnten, dass man den Kopf verliert. Man erinnere sich des nächtlichen Überfalls. Bärlach zwingt den Eindringling zur Flucht, indem er durchs Fenster schießt, damit das Licht aus den Nachbarwohnungen in den Raum dringt.

Eine Schlüsselszene um den Kommissär ist das stumme Abschiednehmen von seinem Lebensfeind Gastmann: „Nur ein Gedanke hatte ihn jahrelang beherrscht: den zu vernichten, der nun im kahlen, grauen Raume zu seinen Füßen lag, vom niederfallenden Gips wie mit leichtem, spärlichem Schnee bedeckt; und nun war dem Alten nichts mehr geblieben als ein müdes Zudecken, als eine demütige Bitte um Vergessen, die einzige Gnade, die ein Herz besänftigen kann, das ein wütendes Feuer verzehrt."

Der unerbittliche Richter wandelt sich in diesem Augenblick zum Jäger, der im nun erlegten Wild ein Sinnbild für das große Halali seines eigenen Lebens erkennt, dessen Dasein mit dem Niederstrecken der letzten Beute seinen Sinn und seinen Antrieb verloren hat.

Augenscheinlich im Kontext dazu steht die Wertung Peter Spychers: „Aber seine Lebensleidenschaft, der er alles opfert, ist das Aufspüren des Bösen in der Welt und der Kampf gegen dieses Böse."[25] Dass mit

---

25 Peter Spycher. Friedrich Dürrenmatt, Das erzählerische Werk. S. 154

dem Erlöschen dieser Leidenschaft auch seine Lebenskraft weicht, symbolisiert Bärlachs Weigerung, in Tschanz wiederum einen zu sehen, der er der Gerechtigkeit zuführen muss. Wenn Tschanz sich selber richtet, so ist das nicht mehr Bärlachs Sache. Der Richter hat aufgehört, sein Amt zu versehen.

***

In Bärlachs anfänglichem Vorgehen offenbaren sich Spürsinn und kriminalistisches Geschick, die ihm im Laufe eines langen Berufslebens zugewachsen sind.

Schon glaubt der Leser, den planenden und weitsichtigen Bärlach wiederzufinden, der ihm aus dem ersten Roman vertraut ist, wenn der Kommissär seinem Freund Hungertobel neue Details entlockt, wenn er auf den Spuren seines Verdachts vergleichende Stilkunde betreibt und alte Beziehungen amtlichen wie obskuren Charakters nutzt, sich der Wahrheit zu nähern.

Dann aber erfolgt jener Umschlag ins Naive – die Verlegung nach Zürich –, der diesen Eindruck wieder auslöscht.

Diesmal dient ein „Richter" der Gerechtigkeit, der Don Quichotte sehr viel näher steht als Sherlock Holmes; seine Aktion wird zum Desaster. Er findet sich wieder in einer Falle, im Sterbezimmer der Klinik Sonnenstein, einem Raum voller Merkwürdigkeiten.

Als Wandschmuck wünscht sich der Kommissär den Dürer-Stich „Ritter, Tod und Teufel", gleichsam zur Illustration der Rolle, in der er sich selber sieht.

Als sei damit ein Schlüsselwort angesprochen worden, weicht fortan die Todessymbolik nicht mehr von Bärlachs Seite.

Schwester Kläri offenbart den Zweck des Zimmers und offeriert ihr selbstverfasstes Sterbetraktat. Beim Ausbleiben der Silvesterglocken scheint für den alten Mann die Welt tot zu sein.

Dr. Edith Marlok spricht ihm von Emmenbergers tödlichem Wirken und die sture Emmenthalerin Kläri betet es gesund.

Fortschig kommt zu Tode, nicht ohne Bärlachs Mitschuld.

Der Teufel Emmenberger selber verkündigt ihm die Todesstunde. Es scheint, als sollte sich die gurgelnde Prophezeiung des taubstummen Arbeiters, der das Dürerbild montiert, an Bärlach erfüllen: „Ritter futsch".

Der Kreis des Symbolhaften um den Kommissär schließt sich, wenn ihn Gulliver in der Stunde der Rettung ironisch erhöht: „...du Ritter ohne Furcht und Tadel, der du ausgezogen bist, mit dem Geist das Böse zu bekämpfen...".

Im ersten Roman klassifiziert der Feind Gastmann den Alten als einen „Narren". Im „Verdacht" spricht der Freund Gulliver die bilanzierenden Worte: „Du Narr von einem Detektiv, die Zeit selbst hat dich ad absurdum geführt!"

Don Quichotte ist nicht mehr aktuell, weiß der Leser am Ende mit Bärlach und Dürrenmatt – und der drachentötende Siegfried auch nicht.

Gastmann

Der Polizist von Lamboing, Nationalrat von Schwendi und Dr. Lutz weben fleißig an der Legende um Bärlachs Widersacher. So entsteht das Bild eines Mannes mit großzügigem Hintergrund. Man sieht in ihm einen steinreichen, vornehmen, noblen „Philosophen", was als Umschreibung für „Nichtstuer" zu gelten hat.

Für den Polizisten ist er der „sympathischste Mensch im ganzen Kanton", weil er „zahlen Steuern für das ganze Dorf Lamboing".

Gesandter Argentiniens in China und Verwaltungspräsident des Blechtrusts soll er in früheren Jahren gewesen sein. Als Mann von wissenschaftlichen Verdiensten – biologische Publikationen schlagen hier zu Buche – trägt er das Kreuz der Ehrenlegion und soll in die Französische Akademie gewählt worden sein. Als unabhängiger Geist habe er diese Würdigung freilich ausgeschlagen. Gebürtig – so Dr. Lutz – sei Gastmann aus Pockau in Sachsen, wo sein Vater als

Großkaufmann mit Lederwaren gehandelt habe. Zunächst sei er nach Südamerika ausgewandert und dort Argentinier geworden. Später habe er die französische Staatsbürgerschaft erworben.

Dies alles scheint hinreichend zu begründen, warum Gastmann dazu ausersehen ist, jene diskreten wirtschaftlich-politischen Zusammenkünfte in seinem Lamboinger Haus zu veranstalten, also eine Schlüsselrolle zu übernehmen bei der Vermittlung von Geschäften, die sowjetische Millionen, von der Öffentlichkeit unbeobachtet, in neutrale Schweizer Kassen lenken sollen.

Die Wahrheit kennt im Grunde nur Bärlach. Der sich jetzt Gastmann nennt, stammt in Wirklichkeit aus Lamboing. Als Dreizehnjähriger ist er seiner ungeliebten Mutter davongelaufen, um die Karriere der Gesetzlosigkeit einzuschlagen.

Gleichermaßen unmodern wie zutreffend, nennt ihn der Schriftsteller einen „Nihilisten". Gastmann liefert eine beständige Selbstcharakterisierung: „...bald im Dunkeln, im Dickicht verlorener Großstädte, bald im Lichte glänzender Positionen, Orden übersät, aus Übermut das Gute übend, wenn ich Lust dazu hatte, und wieder aus einer anderen Laune heraus das Schlechte liebend." Die vor vierzig Jahren in der Trunkenheit eingegangene Wette zwischen Bärlach und Gastmann war „der Beginn einer lebenslänglichen, sich ins Ungeheure steigernden Wette".[26]

Auch die Gastmann-Figur gewinnt die Aufmerksamkeit des Lesers dank ihrer Widersprüchlichkeit. Der Schriftsteller sagt das mit bildhaften Worten: „Bei ihm ist das Böse nicht der Ausdruck einer Philosophie oder eines Triebes, sondern seiner Freiheit: der Freiheit des Nichts...man könnte sein Leben drangeben, diesen Mann und diese seine Freiheit zu studieren."

Vor dem Hintergrund dieser Äußerung reduziert sich der Konflikt Bärlach-Gastmann auf die Auseinandersetzung zwischen der Philosophie des Rechts und einer Utopie der Freiheit.

---

26 ebenda, S. 157

Tschanz

Dr. Lutz anerkennt: „Tschanz ist ein Mann, der immer bemüht ist, kriminalistisch auf der Höhe zu bleiben."

Bemüht – dies scheint das Schlüsselwort für Tschanz bisherige berufliche Existenz im Schatten des nun getöteten Ulrich Schmied. Der Leutnant besaß all das, wonach sich Tschanz vergeblich sehnen musste: Bildung, einen Studienabschluss, wohlhabende Eltern, die für das Nötigste sorgten – inclusive Mercedes, die hübsche, blonde Verlobte Anna und das uneingeschränkte Wohlwollen seiner Vorgesetzten.

Tschanz bewundert und hasst gleichzeitig den jungen Aufsteiger. Seine ehrgeizige Eifersucht steigert sich zu paranoiden Erscheinungsformen und wird schließlich zum Mordmotiv.

Als Bärlach ihn zu seinem Stellvertreter beruft, entsteht eine Dorfrichter-Adam-Situation. Wie dieser in Kleists „Zerbrochnem Krug", muss Tschanz in eigener Sache ermitteln.

Wenn Dürrenmatt mit Bärlach und Gastmann psychisch komplizierte Konterfeis liefert, porträtiert er Tschanz in geradezu parodistischer Schlichtheit.

Muss schon der Ansatz als zweifelhafte Konstruktion gelten, dass Tschanz sich erhofft, per Mord zum Geheimauftrag und per Geheimauftrag zu dienstlicher Anerkennung zu gelangen, so gehört die mühselige Konstruktion um Schmieds Mittwoch-Fahrstrecke erst recht in das Reich des Unbedarften.

Ein paar schlichte Telefongespräche Bärlachs genügen ja denn auch, um dieses Scheinindiz zerstieben zu lassen.

Nach und nach schlüpft nach vollzogener Tat der Mörder Tschanz in die Persönlichkeit seines Opfers.

Er kleidet sich à la Schmied, so dass Bärlach regelrecht erschrickt, als er seiner ansichtig wird.

Er kauft den Schmied'schen Mercedes auf Abzahlung.

Er nötigt der blonden Anna – gleichsam als Schlussstein im Gebäude seiner Metamorphose – das Verlobungsversprechen ab mit der Zusicherung, noch am selben Tage den Toten zu rächen. Hart an die Grenze zur Selbstentlarvung führt sein Ausbruch gegenüber Bärlach, als Gastmann auf Dr. Lutz Geheiß nicht verhört werden darf: „Und jetzt, da ich einmal die Chance habe, soll alles wieder für nichts sein, soll meine einmalige Gelegenheit, hinaufzukommen in einem blödsinnigen diplomatischen Spiel zugrundegehen".

Im Ansatz leidet die literarische Figur des Polizisten Tschanz an einer Art Blutleere. Es scheint sich um diejenige zu handeln, welche häufiger dann auftritt, wenn Autoren im Dienste ihrer Pointen und Effekte die Lebenswahrscheinlichkeit aus dem Blick verlieren. Das ist schon einem Lessing widerfahren (Emilias Haarnadel) und auch einem Schiller (Briefdiktat in „Kabale und Liebe"). Als Figur nach Bärlachs Willen fremdbestimmt über das Spielfeld geführt, bleibt Tschanz selbst dort, wo er Mannesmut beweist, in erster Linie dümmlich.

Schon die allerkleinste kriminaltechnische Routineuntersuchung hätte ans Licht gebracht, dass Gastmann und seine Diener mit ein und derselben Waffe getötet worden sind, die noch dazu eines der Opfer in der Hand hält.

Nach Dürrenmatts Willen gönnt sich Tschanz keine Waffe neben seiner Dienstpistole. Dafür gibt es schlechterdings keine Erklärung.

Ganz anders steht es in dieser Beziehung mit Tschanz' Selbsttötung am Ende der Handlung. Nicht nur seine Tat hat sich als sinnlos erwiesen, auch alles, was er mit ihr zu gewinnen hoffte, ist nun endgültig unerreichbar geworden.

Wie Tschanz die Handlung verlässt, ist nachvollziehbar motiviert. Genau besehen: nur das.

Der Schriftsteller

Neben den episodischen Figuren des Dr. Lutz, des von Schwendi und des Arztes Dr. Hungertobel agiert im Roman – völlig überflüssig für den Fortgang der Handlung – auch ein Literat.

Diese Gestalt leistet eigentlich nichts für die Aufklärung des Kriminalfalls, ja nicht einmal etwas für die Durchleuchtung des Nihilisten Gastmann, unter welchem szenischen Aspekt sie eingeführt wird.

Dabei wiederholt der Schriftsteller im Grunde nur, was Bärlach selber denkt und weiß. Was bleibt, ist die Selbstdarstellung: „Dürrenmatt ist unbefangen genug, sich selber unter die Personen der Geschichte zu reihen, allerdings nicht mit seinem Namen, sondern als ‚ein Schriftsteller'. Dieses Selbstporträt Dürrenmatts ist zwar eine Karikatur, aber eine lebensnahe. Und zum Selbstporträt gehören auch gewisse äußere Umstände: Wohnort, Wohnhaus, Wohnung, Arbeitszimmer, Kleidung, Familienverhältnisse, das Hündchen des Schriftstellers."[27]

Schweizkritik und Selbstbespiegelung halten sich in der Schriftstellerszene die Waage. Dafür stehen Sätze wie diese: „Da haben wir es wieder, die Schriftsteller werden in der Schweiz aufs traurigste unterschätzt."

„Er sei eben auch eine Art Polizist, sagt er, aber ohne Macht, ohne Staat, ohne Gesetz und ohne Gefängnis hinter sich. Es sei auch sein Beruf, den Menschen auf die Finger zu sehen."

Das Auftreten des Schriftstellers in der Handlung weist über den Rahmen der Kriminalerzählung hinaus auf einen Gegenstand, der im Werk Dürrenmatts schon vorher präsent war und es weiterhin bleiben wird: das Verhältnis des Dichters zur Wirklichkeit."

-.-

Dr. Lucius Lutz, der Untersuchungsrichter, ein Liebhaber militärischen Raumschmucks (Bilder von Fritz Traffelet) und Bewunderer amerikanischer Kriminalistik und der Nationalrat, Advokat und Oberst Oskar von Schwendi fungieren eher als Vehikel der Schweizkritik, denn als Handelnde im Konfliktfeld des Romans.

---

27   ebenda, S. 137

Emmenberger

Dr. Fritz Emmenberger, ein „übereleganter Sechziger von hagerer Gestalt, auf Hormonbehandlung spezialisiert und Modearzt mit dem Ruf eines Scharlatans im Kollegenkreise, Eigentümer der Privatklinik Sonnenstein, schien als junger Student zu den schönsten Hoffnungen zu berechtigen. Im medizinischen Fach unter den Tüchtigsten, zeichnete er sich außerdem durch vielseitige Interessen und gewandten Umgang mit dem geschriebenen Wort aus. Obwohl die, die es gesehen hatten, seinen Mut und seine Entschlusskraft bewundern mussten, mit denen er einem Wanderkameraden das Leben rettete durch eine Notoperation ohne Betäubung, sprach niemand gern darüber. Zu unheimlich wirkte es, dass der junge Chirurg diesen Umstand mit teuflischer Freude zu genießen schien. Merkwürdigerweise bringt er es zwar zu einem hervorragenden medizinischen Abschluss, nicht aber zu Sesshaftigkeit und Bürgerlichkeit. Verzehrende Unrast scheint ihn umzutreiben. Er arbeitet ausschließlich in Stellvertretungen, hospitiert in allen möglichen Wissenschaftszweigen einschließlich der Gottesgelehrsamkeit und wandert 1932 aus der Schweiz aus nach Deutschland, von wo aus er wenig später nach Chile gegangen sein soll, um erst 1945 in sein Geburtsland zurückzukehren.

Hinter vorgehaltener Hand nennen ihn die Fachkollegen bald mit dem Spitznamen „Erbonkel", weil seine Klinik ungewöhnlich viele Vermögenserbschaften verstorbener Patienten antritt.

Die Wahrheit über den Auslandsaufenthalt enthüllt sich im Verlaufe der Romanhandlung. In Wirklichkeit nämlich tat Emmenberger unter dem Namen Nehle als SS-Arzt im Konzentrationslager Stutthof Dienst. Mit dem Versprechen auf eine Lebenschance brachte er seine Opfer dazu, sich freiwillig für Vivisektionen zur Verfügung zu stellen. Der echte Nehle weilte indessen unter dem Namen Emmenbergers in Chile, wo er auch wissenschaftliche Artikel für die Fachpresse schrieb, die sich stilistisch freilich nicht annähernd mit der Sprachbilanz des echten Namensträgers messen können.

Als im Magazin „Life" das Foto erscheint, welches den angeblichen Nehle bei einer Vivisektion in Stutthof zeigt, lässt Emmenberger sein Double aus Chile kommen. Er ermordet ihn in einem Hamburger Hafenhotel und täuscht einen Selbstmord vor.

Damit ist der Weg frei für Emmenberger, als untadeliger Ehrenmann in die Schweiz heimzukehren; denn der SS-Arzt Nehle hat – nach offiziellen Erkenntnissen – seinem Leben ein Ende gemacht.

Dass Emmenberger nach Dürrenmatts Willen in der freien, bürgerlichen, neutralen Schweiz seine sadistischen Praktiken fortzusetzen vermag, kann nur als gewagtes Gleichnis verstanden werden: „...mitten in Zürich unberührt von der Polizei, von den Gesetzen dieses Landes, ja sogar im Namen der Wissenschaft und der Menschlichkeit, unbeirrbar gibt er, was die Menschen von ihm wollen: Qualen, nichts als Qualen.", beschreibt es die Marlok.

Als wahrhafter Teufel hat Emmenberger die Klinik Sonnenstein zu einer Hölle für Reiche und Mächtige gemacht. Er verspricht die Hoffnung auf Lebensverlängerung durch Vivisektion und beerbt dann in vielen Fällen noch seine freiwilligen Opfer.

Den Tod findet Emmenberger von Gullivers Hand in der gleichen Weise wie einst Nehle von der seinigen. So vollendet sich die Doppelgängerschaft des begabten Dilettanten Nehle und des genialen Teufels Emmenberger im Tode.

Gulliver

Bärlachs Freund und Retter, der Jude Gulliver, bezeichnet sich im Schlusskapitel selbst mit dem Namen des Ewigen Juden Ahasver. Nimmt man hinzu, dass Swifts Gulliver-Roman eine Satire ist, so scheint die Deutung erlaubt, eine satirische Version der biblischen Gestalt des bis zum Jüngsten Gericht zu ewiger Wanderschaft verurteilten Schuhmachers Ahasver sei vom Dichter beabsichtigt.

Von alttestamentarischem Zuschnitt ist der Jude ohnehin mit seiner Riemengestalt, dem gewaltigen Kahlkopf, edlen Händen und dem fast lippenlosen, zerschlagenen Mund, der von unmenschlichen Misshandlungen zeugt wie die unzähligen Narben, die seinen Körper bedecken.

Im Mai 1945 hat er sich bei Eisleben aus einer Leichengrube geschleppt und ist der SS entkommen. Seither gilt er amtlich als tot. Früher war er verheiratet mit einer inzwischen verstorbenen Arierin. Jetzt zieht er ungebunden von Ort zu Ort, immer im Verborgenen, unbekümmert um Grenzen im Osten wie im Westen. Hier ignoriert Dürrenmatt geflissentlich die Realität, vor allem der sowjetischen Grenzen.

Gulliver ist durch die Hölle der Konzentrationslager gegangen. Gegen den Jahreswechsel 1944/45 kreuzt sein Leidensweg die Spuren Emmenbergers. Gulliver übersteht wie durch ein Wunder eine Magenresektion ohne Betäubung. Er wird anschließend gesundgepflegt und nach Buchenwald überstellt.

Auf dem Weg dorthin erfolgt seine vermeintliche Erschießung. Eine Gestalt wie aus dem Märchenbuch, wird der Riese zum Retter für Hungertobel und Bärlach, dies allerdings auf Grund von intelligenter Wachsamkeit: „Ich glaubte keinen Augenblick, es sei nur ein psychologisches Interesse, das dich nach Nehle fragen lasse... Ich ließ dich nicht mehr aus den Augen..." erklärt er sein Eingreifen.

Als Gefährten seiner künftigen Wanderschaften nimmt er den von Emmenberger missbrauchten Mörderzwerg zu sich, der ihm treu anhängt seit gemeinsam verbrachten Leidenszeiten im Lager Stutthof.

Wenngleich funktional einbezogen in den Verlauf der Handlung, muss Gulliver doch in erster Linie als Symbolgestalt aufgefasst werden: „Dieser Riese mit (...) einem unzerstörbar majestätischen Gesicht, in einem alten, fleckigen, zerrissenen Kaftan, den er nie ablegt, ist eine beinah mythische Verkörperung der verfolgten, gemarterten, vernichteten und immer wieder auferstehenden Judenschaft und darüber hinaus aller ihren mächtigen Peinigern ausgelieferten Gepeinigten."[28]

Angesichts dieser Deutung könnte man beinahe vergessen, wo einem jene Ahasver-Gestalt unterkommt – in einem Kriminalroman nämlich.

Marlok

Die Morphinistin Dr. med. Edith Marlok, vierunddreißigjährig, von klar-vornehmer Schönheit, solange ihr nicht das Rauschmittel fehlt, dann nämlich wird sie unversehens einem alten Weibe ähnlich, ist eine Figur aus der Nehle-Vergangenheit Emmenbergers.

Im „schwarzen Kohlengebiet" Deutschlands geboren, von Kindheit an mit Not und Ausbeutung vertraut, fand sie in jungen Jahren zum Kommunismus. 1939 ging sie als etwa neunzehnjähriges Parteimitglied ins sowjetische Exil, um dort dem Gulag anheim zu fallen. Trotzdem bewahrte sie sich ihre Überzeugung selbst dann noch, als es zum Hitler-Stalin-Pakt kam, ging es doch für sie um die vermeintliche Rettung des „kommunistischen Vaterlands".

Im Winter 1940 erst, als sie unmittelbar aus dem Gewahrsam eben dieses kommunistischen Vaterlands über die Grenze abgeschoben, von den Schergen des eigenen erwartet wurde und sich bald darauf im Konzentrationslager Stutthof wiederfand, brach ihr Glaube an die bessere kommunistische Welt zusammen.

Als Häftling 4466 wurde sie des SS-Arztes Geliebte, um zu überleben.

Daran hat sich zum Zeitpunkt des Romangeschehens nichts geändert. Die Marlok ist im Gegenteil zur Mittäterin aufgestiegen: „So tue ich denn, Edith Marlok, ein vierunddreißigjähriges Weib, für die farblose Flüssigkeit, die ich mir unter die Haut spritze... die Verbrechen, die man von mir verlangt..."

---

28   ebenda, S. 179 f.

Diese literarische Konstruktion ächzt und kracht in allen Fugen. Was sollte die ehemalige KZ-Insassin nach Kriegsende an Emmenbergers Seite gehalten haben? Von Liebe kann keine Rede sein. Morphinistin war sie damals noch nicht; denn im Roman heißt es an anderer Stelle: „...durch diesen Sonnenstein, der mich zu dem gemacht hat, was ich nun bin, weder Weib noch Mann, nur Fleisch, das immer größere Mengen Morphium braucht..."

Überdies kann eine Ärztin sich gewiss Morphium beschaffen, so dass die Sucht als Motiv für ihr Mittun kaum zu überzeugen vermag.

Als mögliche Erklärung klingt an, die Kombination von sowjetischem Gulag und deutschem Konzentrationslager habe sie moralisch zerbrochen, so dass es ihr an Lebens- und Entschlusskraft fehlt, um die Trennung von dem „Höllenfürsten" Emmenberger zu vollziehen. Wie fügen sich aber dazu die ausufernden Tiraden gegenüber Bärlach – voller Selbst- und Menschheitsanalyse, Sozialpathos und zynischer Weltsicht?

Da wirkt nichts müde, kraftlos oder unentschieden. Eher schon verblasen und partieweise überbebildert: „...das Gute und das Böse sind zu sehr ineinander verschlungen in der gottverlassenen Hochzeitsnacht zwischen Himmel und Hölle, die diese Menschheit gebar, ..." Dürrenmattsche Wortgewalt mag auch hier Anerkennung finden. Die literarische Überzeugungskraft der Marlok-Figur bleibt dennoch blässlich.

Es sei angemerkt, dass in der Lebensgeschichte der ehemaligen Kommunistin – speziell mit der kritischen Erwähnung des Hitler-Stalin-Paktes – der Grund dafür zu suchen ist, warum Dürrenmatts „Verdacht" im Gegensatz zu „Der Richter und sein Henker", „Das Versprechen" und „Justiz" den Lesern in der ehemaligen DDR vorenthalten geblieben ist.

Kläri

Als böse Karikatur einer den Heilberuf ausübenden Sektiererin komplettiert Schwester Kläri Glauber das Sonnensteinensemble. Sie stammt aus Biglen im Emmental und ist folglich eine Landsmännin von Dürrenmatt.

Ihr gänzlicher Mangel an Zartgefühl wird nur noch übertroffen von einer so ausgeprägten Sektierer-Sturheit, dass diese unzweifelhaft dem Bereich des Karikaturistischen zuzuordnen ist. Der Familienname Glauber unterstützt diese Ansicht.

Die Lebensleistung der gemütlich aussehenden Schweizerin scheint weniger im Pflegerischen angesiedelt als vielmehr im Verbreiten ihrer abstrusen Theorien.

Ihr Vehikel ist ein selbstverfasstes Traktat „Der Tod, das Ziel und der Zweck unseres Lebenswandels. Ein praktischer Leitfaden". Darin predigt sie – es klingt wie bei Richard Wagner – eine geheime Todessehnsucht des Menschen, der nur durch das Sterben zu seiner „Höheren Möglichkeit" zu gelangen vermag.

Indem Emmenberger vorgibt, von der Lektüre überzeugt worden zu sein, wandelt er sich in ihren Augen zur Lichtgestalt und alle seine bisherigen Untaten schrumpfen zu unwichtigen Irrtümern. Künftige aber sollen mit Unterstützung des „gemütlichen Henkers" Kläri Glauber fortan im rechten Geiste begangen werden.

Fortschig

Da Groteskes als eine Entfaltungsweise des Komischen gilt, ist der Schriftsteller Fortschig der Schwesterngestalt von seinem slapstickhaften Gebaren her ein wenig wesensverwandt. Klein, dünn, schlecht gekleidet und wenig gepflegt, überhaupt hässlich anzusehen, benimmt er sich obendrein noch wie ein Narr mit Selbstgesprächen und gewissen milden Formen der Bewegungsidiotie.

Als Herausgeber einer selbstverfassten Zeitschrift mit dem urschweizerischen Namen „Apfelschuß", die in einer Miniaturauflage erscheint, verdient er nicht das Salz in die Suppe.

Er sieht sich als Dichter und beklagt sein Los, nicht nur in der Schweiz, sondern auch von ihr leben zu müssen. Frühe literarische Hoffnungen haben sich ihm nicht erfüllt; so ist er zum „Spinnbruder" verkommen und hungert sich durch, wechselnd von Freitisch zu Freitisch.

An Bärlachs Auftrag wird er sterben, erschlagen von Emmenbergers Mörderzwerg. Auch hier ist die Karikatur deutliche Absicht. Fortschig symbolisiert die Lebensuntüchtigkeit eines Dekadenten. Spycher meint, Dürrenmatt habe bei dieser Figur an sich selber gedacht.[29]

Wenngleich der asoziale Hungerkünstler mit dem wohlgenährten Dürrenmatt kaum Ähnlichkeiten zeigt, spricht neben einfacher Kollegenschaft einiges mehr für diese These: „Wenn es später im herablassend-salbungsvollen Nachruf auf ihn heißt, die Natur habe ihm schöne Talente verliehen, aber er habe sie nicht zu nützen verstanden, er habe mit expressionistischen Dramen begonnen, die bei Asphaltliteraten Aufsehen erregten, doch habe er die kritischen Kräfte immer weniger zu formen vermocht, so wird bei ihm der Ansatz zu einer Dürrenmattschen Selbstkarikatur sichtbar."[30]

Zu registrieren bleibt, dass sowohl im ersten, wie auch im zweiten Kriminalroman Dürrenmatts Schriftstellerfiguren agieren, deren eine er sogar selber im Spielfilm dargestellt hat.

In dem 1957 entstandenen Kriminalroman „Das Versprechen" bestreitet ein Schriftsteller wesentlich die Rahmenhandlung.

---

29   ebenda, S. 171
30   ebenda, S. 172

3. ASPEKTE ZUR DISKUSSION

3.1 „Die Story wird kunstvoll gedreht"

In der siebenbändigen Werkausgabe von 1988 umfasst „Der Richter und sein Henker" 106 Druckseiten.

Eingeteilt in 21 Kapitel von sehr unterschiedlichem Umfang (Elftes Kapitel = 8 1/4 Seiten; Einundzwanzigstes Kapitel = 1/2 Seite), erfährt die Handlung einen zügigen Fortgang.

Einzig das als dreizehntes bezifferte Schriftstellerkapitel mag als retardierendes, wenn nicht sogar störendes Einschiebsel empfunden werden.

Der **Handlungskern** stellt sich wie folgt dar:

Ein junger Polizeioffizier ist bei der Ausführung verdeckter Ermittlungen ums Leben gekommen. Sein betagter Vorgesetzter Bärlach wird mit der Untersuchung des Mordes beauftragt.

Als Assistenten wählt er den Kriminalbeamten Tschanz, den er als Mörder verdächtigt. Schon bald erhärtet sich dieser Verdacht zur beweisbaren Gewissheit. Statt nun den Mörder dem Gericht zu überantworten, macht ihn Bärlach zum Werkzeug seiner Pläne.

Es geht um die Vernichtung des Gesetzesbrechers Gastmann, auf den der Ermordete angesetzt war.

Seine Möglichkeiten als Vorgesetzter und Untersuchungsführer nutzend, treibt er den Mörder Tschanz dazu, Gastmann zu töten, in der Hoffnung, den Mordverdacht so von sich ablenken zu können. Die Pläne Bärlachs gehen auf.

Es ist ihm zwar ein Leben hindurch nie gelungen, Gastmann für die von ihm verübten Verbrechen zur Rechenschaft zu ziehen. Jetzt aber muss er wegen eines Verbrechens sterben, das er nicht begangen hat. Bärlachs selbstgegebenes Richteramt ist damit ausgeübt. Der von ihm ausersehene Henker Tschanz hat nicht versagt.

Die **Handlungszeit** umfasst etwa fünf oder sechs Tage im November 1948. Sie spielt im Kanton Bern, zum wesentlichen Teil in der Kantonshauptstadt selbst.

Das vorwinterliche Wetter mit seinen spezifischen Erscheinungen Nebel, Wind, Regen, Kühle, Wechselhaftigkeit untermalt gewissermaßen das Geschehen.

So werden immer dann, wenn der Tod in Rede steht oder Leben bedroht wird, sich verschlechternde Sichtverhältnisse registriert:

Als Schmieds Leichnam nach Biel unterwegs ist, kommt Nebel auf. Lutz und Bärlach fahren in strömendem Regen zum Friedhof. Die Trauerfeier endet in einem Wolkenbruch. Der Überfall auf Bärlach spielt sich in völligem Dunkel ab.

Es ist, als sollte leitmotivisch Bärlachs These von vor vierzig Jahren widersprochen werden, die meisten Verbrechen müssten zwangsläufig ans Licht des Tages kommen, indem das Tageslicht zurückweicht.

Die Romankomposition wird bestimmt von der **Zweisträngigkeit der Handlung.**

Eine weniger bedeutsame Vordergrundhandlung – der Mord an Schmied und seine Aufklärung – ist eng verzahnt mit der eigentlich wichtigen Hintergrundhandlung, die in jener mephistophelischen Wette vierzig Jahre vor den hier geschilderten Ereignissen ihren Ursprung findet. Mit dem Gespräch am Zielort der „Taxi"-Fahrt im Wagen Gastmanns erhält Bärlachs Endkampf gegen seinen Lebens-Feind seinen Wahlspruch: „Ich habe dich gerichtet, Gastmann, ich habe dich zum Tode verurteilt."

Über den Bau des Romans lesen wir bei Peter Spycher: „‚Der Richter und sein Henker' ist, wie viele Erzählungen in der ‚Stadt' szenisch komponiert. Es gibt gewaltig-groteske Szenen, wie zum Beispiel die von Schmieds Begräbnis oder die von Tschanz' ‚Henkersmahlzeit' bei Bärlach; es gibt ans Kolportagehafte grenzende wie die (spannende) Szene von Tschanz' nächtlichem Einbruch in Bärlachs Wohnung; es gibt eher schwache wie die von Bärlachs Besuch bei Frau Schönler...Die bildhaft-geistige Konfiguration der Fabel dieses Romans ist nicht weniger grotesk-apokalyptisch als die der Erzählungen in der ‚Stadt'."[31]

„Die Story wird kunstvoll gedreht", merkt Hans Bänziger an, um dann weiter unten fortzufahren: „In der ersten Erzählung von literarischem Bluff zu sprechen, geht wohl etwas zu weit; aber man muß einräumen, daß die bewußte Kombination von Gags mit zeitgenössischem Tiefsinn die Erzählung von den entsprechenden Werken Poes oder E. T. A. Hoffmanns unterscheidet."[32]

Immerhin setzt Dürrenmatt alles ein, was als **Gestaltungsmittel** im Krimi gemeinhin für Spannung sorgt: Vorausverweisungen, Doppelbödiges, falsche neben richtigen Spuren, verdächtig Unverdächtige und Unverdächtige, die sich verdächtig machen.

Auch komische und parodierende Mittel werden – im Gegensatz zu den „Stadt"-Erzählungen – nicht verschmäht.

Einige Beispiele mögen repräsentativ dafür stehen:

Auf der Fahrt nach Biel nickt der tote Schmied „mit dem Kopf wie ein alter, weiser Chinese".

Die Zimmerwirtin fragt Bärlach nach dem Verbleib ihres Mieters Schmied: „‚Im Ausland' sagt Bärlach und schaute nach der Decke hinauf." Wenig später vermutet sie, Schmied sei wohl in den Tropen: „Bärlach war etwas erschrocken: ‚Nein, er ist nicht in den Tropen, er ist mehr in der Höhe.'"

Doch damit nicht genug. Dürrenmatt lässt die Frau Schönler auch noch fragen: „Mein Gott, im Himalaja?" seinen Einfall ein drittes Mal strapazierend. Hier geht die Eleganz der Parodie merklich schon verloren.

---

31   ebenda, S. 165
32   Hans Bänziger, Frisch und Dürrenmatt. S. 156

An anderer Stelle lässt es Dürrenmatt gekonnt-süffisanter angehen: „Bärlach setzte sich und sah flüchtig nach den Traffelet-Bildern, die an den Wänden hingen, farbige Federzeichnungen, auf denen bald mit und bald ohne General unter einer großen flatternden Fahne Soldaten entweder von links nach rechts oder von rechts nach links marschierten."

Auch wenn er Dr. Lutz und von Schwendi zu Mitgliedern einer – in der Schweiz nie existent gewesenen – „Partei der konservativen liberal-sozialistischen Sammlung der Unabhängigen" macht, ist das zeitgenössische Parodie im besten Sinne.

Doppelbödige Vorausverweisungen lassen beim Leser Ahnungen wach werden. Von Tschanz aufgefordert, angesichts der Wetterlage doch lieber zu Hause zu bleiben, entgegnet der Kommissär: „Unsinn, es gilt einen Mörder zu finden. Das könnte Ihnen gerade so passen, daß ich zu Hause bleibe."

In Lamboing gibt es außer Gastmann nur noch ein G im Telefonbuch, die Gendarmerie. So fragt Tschanz: „Oder glauben Sie, daß ein Gendarm etwas mit dem Mord zu tun habe?" Die sybillinische Antwort lautet: „Es ist alles möglich, Tschanz."

Als Bärlach aus Lamboin zurückkehrt, zieht er doch eine Schusswaffe aus der Tasche – zu Tschanz hatte er vorher gesagt, er sei nur selten bewaffnet – und es zeigt sich, dass er auf einen angriffslustigen Hund durchaus vorbereitet war.

Der antizipatorische Charakter solcher Textstellen ist unverkennbar. Sie sprechen nicht nur für sich selbst, sondern sie widersprechen auch jener These, der Dürrenmatt selber nie widersprochen hat, dass er nämlich keine inhaltliche Konzeption gehabt, sondern einfach drauflos geschrieben habe.

In der allerbesten Krimimanier vollzieht sich Tschanz' nächtlicher Überfall auf Bärlach: der Wind heult, die Nacht ist stürmisch, Luftzug, ein Fenster schlägt, leises Schnappen vom Korridor, Licht, Revolver, künstlicher Kurzschluss, Belauern im Dunkeln, Lichtfinger einer Taschenlampe, Schlangenmesser – es kann nicht krimihafter zugehen.

Sosehr man in dieser wie in anderen Szenen spürt, dass Dürrenmatt das Handwerkliche des Kriminalgenres meisterlich zu handhaben versteht, so wenig vermag man bestimmte Ungenauigkeiten und Unstimmigkeiten zu übersehen, die ihrerseits die vorerwähnte These von der Konzeptionslosigkeit des Romans begünstigt haben mögen. Man denke an das ungerügt bleibende Entfernen des Mordopfers vom Fundort der Leiche, ohne dass irgendeine Form der Spurensicherung vorgenommen worden wäre. Man beachte die Motivschwäche des Schmied-Mordes. Man frage sich nach dem Grunde des Nachtüberfalls auf Bärlach. Angeblich wollte Tschanz sich der Mappe Schmieds bemächtigen; es bleibt nur unerfindlich, zu welchem Zweck, wo er den Inhalt doch schon längst kannte. Schließlich hatte Schmied das Aktenstück vertrauensvoll offen herumliegen lassen.

Man lasse schließlich weder die an den Haaren herbeigezogene Wege-Rekonstruktion noch das löcherige Täuschungsmanöver mit der Mordwaffe aus den Augen, worauf wir an anderer Stelle schon hingewiesen haben.

Mit der **Detektivgestalt** liefert Dürrenmatt – abweichend vom üblichen Krimi-Schema – das Abbild eines sehr unfachmännisch vorgehenden Polizeimannes, der augenscheinlich sich selbst im Amte überlebt hat, alt, schwach und vom Tode gezeichnet, wie er ist.

Bänziger wertet: „Kommissar Bärlach geht seinen Weg sehr sicher und soll doch dämonisch wirken. Er ist ein verschwiegener Moralist mit dem Revolver in der Tasche, gebannt vom Bösen, ein unheimlicher Richter, der seinen Henker kaltblütig in den Tod schicken würde.[33] Bei Michael Muhres lesen wir: „Der gerechtigkeitsliebende und ‚mutige' Kommissar Bärlach bekämpft das Böse und die Kriminalität mit allen Mitteln, die ihm zur Verfügung stehen. Dabei setzt er sein Leben aufs Spiel."[34]

---

33   ebenda, S. 156
34   Michael Muhres. Dürrenmatts Begriff der Verantwortung. S. 101 (Diss.)

Ungeachtet aller positiven Eigenschaften bleibt Bärlach als Identifikationsfigur keineswegs über jeden Zweifel erhaben. Er hat – im moralischen Sinne – Schuld auf sich geladen, als er die Ursprungswette mit Gastmann eingegangen ist. Sie hat den Tod eines Menschen zur Folge.

Bärlach lädt jetzt wieder Schuld auf sich, indem er sich zum Richter aufschwingt über Tod und Leben.

Die Rechnung geht zwar auf, aber das Resultat bleibt dennoch moralisch fragwürdig.

So wird folgerichtig in der Haltung des über den Dingen stehenden anonymen Erzählers des Romans eine distanzierende Reserve spürbar gegenüber seiner Hauptfigur Bärlach.

Sie klingt an im Titel. Sie wird spürbar im Schriftstellerkapitel. Sie erreicht Unüberhörbarkeit im Gastmann-Bärlach-Gespräch des elften Kapitels, wenn es heißt: „Deine Biederkeit kam nie in Gefahr, versucht zu werden, doch deine Biederkeit versuchte mich."

In seinem „Monstervortrag über Gerechtigkeit und Recht" (1969) fällt Dürrenmatt das nachstehende Urteil: „Der Mensch neigt dazu, den existentiellen, besonderen Begriff, den er aus sich folgert, zu verengen. Hätte der Mensch diese Neigung nicht, stünde er als asoziales Einzelwesen der übrigen Menschheit gegenüber, in einer Position, die im allgemeinen nur vom Verbrecher eingenommen wird."[35]

Auch der „Richter" Bärlach und der „Gehenkte" Gastmann stehen im Werk Dürrenmatts für die figurenhafte Ausprägung dieser These. Einige abschließende Betrachtungen sollen der **Schweizdarstellung** im Roman gewidmet sein einschließlich ihrer schweizkritischen Aspekte.

Schauplatz der Handlung ist im weiteren Sinne die damalige Lebensumgebung Dürrenmatts, der 1948 von Basel nach Ligerz am Bielersee umgezogen war. Zeitgenossen bestätigen die realistische Treue der Abbildung.

---

35 Gesammelte Werke. Band 7. Essays und Gedichte. S. 583

„Dieser Realismus verleiht dem ‚Richter und sein Henker' eine regionale oder, wenn man will, provinzielle Note, die zum Beispiel einen bernischen Leser geradezu anheimeln muß.

Nun bilden zwar die Schönheit der Stadt Bern und der Landschaft des Kantons sowie die altstädtische und ländliche Biederkeit der Berner einen charakteristischen, beinahe gemütlichen Aspekt der Erzählung. Doch hinter der Schönheit lauern Gewalt und Unheimlichkeit und hinter der Biederkeit Beschränktheit, Verdorbenheit und Schlechtigkeit. (...) Das Gefühl des Zuhauseseins wechselt mit dem Ausgesetztsein in einer fremden, täuschenden, drohenden Welt. Von einem zunftgerechten Kriminalroman würde man kaum so viel Umwelt und Welt erwarten," meint Spycher in seiner verdienstvollen Arbeit.[36]

Das Zwiespältige im Heimatbild des Erzählers findet seine Entsprechungen einerseits in der Schönheit der Natur, andererseits in der Fragwürdigkeit menschlichen Handelns.

Da ist der Untersuchungsrichter und Hochschuldozent für Kriminalistik Dr. Lucius Lutz, der das Berner Polizeiwesen am Vorbild Chikagos messen will. Seine Liebe gilt Militärischem wie die Traffelet-Zeichnungen an der Bürowand signalisieren. Er selbst, nichts weniger als ein Held, wahrt Vorsicht im Umgang mit Dritten, selbst wenn es sich um Untergebene handelt wie den bärbeißigen Bärlach.

Was die praktische Seite der Kriminalistik angeht, hat er keine glückliche Hand, vom Kopfe ganz zu schweigen. Durch den Fall Tschanz sichtlich überfordert, gelangt er prompt zu falschen Schlüssen. Hinter seinem Harmoniebedürfnis müssen Amtspflichten zurückstehen, wenn ein Oskar von Schwendi auf der Bildfläche erscheint. Das Karrieristische in Dr. Lutz gewinnt dann sichtlich die Oberhand.

Als Nationalrat, Oberst und Advokat ist von Schwendi ein Mann von Einfluss und persönlicher Macht, mit dem man zu rechnen hat. Dass er daneben auch noch eine Überzeugung besitzt, bleibt bei ihm so wenig wahrscheinlich wie bei Lutz. Beide gehören jener (erfundenen)

---

36   Peter Spycher. Friedrich Dürrenmatt. Das erzählerische Werk. S. 138 f.

Partei an, deren Name schon klingt wie ein Programm der Charakter-losigkeit: „Konservative, liberalsozialistische Sammlung der Unabhän-gigen".

Die Gesellschaften im Hause Gastmanns tragen kritische Akzente in zweierlei Hinsicht.

Da sind einmal die Geschäfte zwischen Sowjets und Schweizer Industriellen, die vor sich gehen, während die Schweizer Regierung aus politisch-ideologischen Gründen zu ihren sowjetischen Verhand-lungspartnern kühle Distanz demonstriert, wenn es um ein neues Handelsabkommen geht.

Da ist zum anderen die Rolle der Künstler bei diesen Millionen-Partys. Sie haben als Tarnung, kulturelle Feigenblätter und intellek-tuelle Versatzstücke zu fungieren.

Von daher bekommt der vordergründig komisch gemeinte Satz: „Da haben wir es wieder...die Schriftsteller werden in der Schweiz aufs traurigste unterschätzt" einen ernsten Unterton.

In seiner „Lobrede auf Friedrich Dürrenmatt" stellt Georg Hensel fest: „Der kriminelle Staat mit seiner fließenden Grenze zwischen Gesell-schaft und Mordgesellschaft ist das Zentralthema seiner Komödie ‚Der Mitmacher'". (1976)[37]

Erste Anklänge zu diesem Gegenstand ahnen wir in „Der Richter und sein Henker".

---

37 Friedrich Dürrenmatt. Gesammelte Werke: Einführungsheft. S. 29

3.2 „Qualen – nichts als Qualen"

„‚Der Verdacht' trägt das persönliche Anliegen des Dichters noch deutlicher zur Schau (als der ‚Richter und sein Henker') und wirkt deshalb unbeholfener", konstatiert Bänziger.[38]

In der Tat: wo im ersten Roman durchgefeilte Charaktere agierten, psychologisch glaubwürdig, trotz mancher Absonderlichkeiten, sieht sich der Leser jetzt in ein Absurditätenkabinett versetzt.

Ein Sammelsurium von Unwahrscheinlichkeiten vermengt sich mit pseudophilosophischen Deklamationen ermüdenden Ausmaßes.

Wo in „Der Richter und sein Henker" herrliche Szenen von sinnlicher Theatralik gelingen – die Volltrunkenen mit dem Lorbeerkranz, das große Siegesfressen des alten Mannes – gibt es im „Verdacht" als Kulminationspunkte des Geschehens vor allem ausdauernde Rhetorik aus dem Munde abseitiger Figuren. Ihrem Wesen nach szenische Monologe, verraten diese Parteien mit jeder Stilfigur, jedem Sprachbild, nach Pathos und Exaltiertheit, dass sie von einem Theatermann stammen.

In den Physiker-Monologen – freilich sehr viel konzentrierter, knapper, schärfer treffend – werden ähnliche Töne später wieder aufklingen.

Gullivers KZ-Bericht, Bärlachs Abmahnung für Fortschig, Dr. Marloks Geschichte und Emmenbergers Verbrecher-Kredo gehören in diesen Zusammenhang.

Bänziger wertet scharf, aber zutreffend: „Der zeitgenössische Hintergrund ist übersteigernd verfälscht, nicht erhöht. Rasch hingeworfene mythologische Parallelen (Emmenberger als Minos, Odysseus etc.) sollen Epik verbürgen."[39]

---

38   Hans Bänzinger, Frisch und Dürrenmatt. S. 157
39   ebenda, S. 158

Selbst Elisabeth Brock-Sulzer, sonst unerschütterlich auf der Seite ihrer Neigung, spricht von einem „weniger scharf von der Selbstkontrolle gezähmte(n) Werk als andere Dürrenmatts."[40]

Netter kann man es kaum sagen, da doch von einem „Kriminalroman" die Rede ist, dessen literarisches Arsenal über weite Strecken vom Grusel-Schocker aufmunitioniert erscheint und nicht von der anspruchsvollen Detektiverzählung.

Von hier aus lernt man, Reich-Ranickis Wort über Dürrenmatts eben noch zu verzeihende Krimi-Verwirrungen ein Stück besser zu verstehen.

Die Handlung verläuft in schlichter Geradlinigkeit. Spycher nennt sie „besser motiviert"[41] als die Richter-Henker-Story. Dies mag zutreffen, sobald man darauf verzichtet, die Exposition auf Glaubwürdigkeit zu hinterfragen. In sich wirkt die Geschichte wohl logisch gebaut, aber angesiedelt ist sie ohne Zweifel auf den tönernen Füßen des Nichtlebenswahren.

So vergleicht denn auch mit köstlicher Treffsicherheit Leonard Forster den Kommissär Bärlach mit „Hänschen klein" aus dem bekannten Kindergedicht.[42]

Man erinnere sich: Am Ende des ersten Romans hat Bärlach erklärt, es sei genug, „daß ich einen richtete" und Tschanz bleibt der Selbstrichtung überlassen. So geschehen am 7. November 1948.

Statt ihn nun operieren zu können, muss Hungertobel zwei Wochen warten, weil eine Herzattacke dazu zwingt. Das beschriebene Siegesmahl hätte wohl auch ein Jüngerer nicht ohne Beschwerden überstanden. Die Operation findet also in der letzten Novemberdekade statt. Bis zum Weihnachtsfest ringt der alte Mann mit dem Tode.

---

40   Elisabeth Brock-Sulzer, Friedrich Dürrenmatt. Stationen seines Werkes. S. 242

41   Peter Spycher, Friedrich Dürrenmatt. Das erzählerische Werk. S. 169

42   zitiert nach Peter Spycher: "...who goes out into the dangerous world like (...) Hänschen klein" in the nursery rhyme...", S. 166

Am 27. Dezember bereits, dem ersten Tag von einigem Wohlbefinden, befällt den Rekonvaleszenten erneutes Interesse am „Richter"-Amt. Die neue Geschichte – insofern eine Fortsetzung der alten, als Schauplatz und Held nebst einigen Randfiguren zeitlich anknüpfend ihre Aktionen fortsetzen – geht zwar wieder vom Grundmuster des Kriminalromans aus. Der gute Detektiv bekämpft einen üblen Bösewicht.

Neue, zeitgeschichtlich gebundene Symptome charakterisieren das Böse. Der Detektiv ist nicht länger der große Planer, der über der Sache steht, sondern ein Grundzug ausgeprägter Naivität ist ihm eigen. Der Bösewicht Emmenberger-Nehle teilt zwar mit der Gastmann-Figur eine gewisse Souveränität der sozialen Stellung, aber er verkörpert nicht wie dieser ein zeitloses Prinzip, sondern ist im Gegenteil auf die historisch konkrete Phase der Naziherrschaft zurückgeworfen, die sein Nährboden war und sein „Bewährungsfeld". Dass es ihm angeblich möglich sein soll, auch später in der Privatklinik „Sonnenstein" Vivisektionen auszuführen, dient ebenso der Dämonisierung der Figur wie dem Ausdruck dürrenmattscher Welt- und Zeitsicht.

Sieben mit Detailüberschriften versehene Abschnitte gehören zum „Ersten Teil" des Romans. Sie sind unterschiedlich lang und zeigen, wie Bärlach gegen Emmenberger Verdacht schöpft, wie dieser sich erhärtet und der Kommissär beschließt, den Verdächtigen auf die Probe zu stellen. Die Handlung setzt ein am 27. Dezember. Sie spielt im Berner Altstadtspital Salem.

Am Silvestertag beginnt die Handlung des „Zweiten Teiles" mit Bärlachs Überführung nach Zürich in die Privatklinik „Sonnenstein", wo außer dem ersten alle übrigen Abschnitte spielen. Sie schildern, wie Bärlach versucht, Emmenberger auszuhorchen, wie er nach einer unerklärlichen Pause von mehreren Tagen aus der Ohnmacht erwacht, wie er von Fortschigs Tod erfährt und die eigene gefährliche Lage erkennt, die Todesdrohung Emmenbergers und die Angst der

Wartestunden, schließlich die Rettung durch den Juden Gulliver. Am Morgen des 6. Januar 1949 wird Bärlachs Tötung für 19 Uhr angekündigt. Dies ist dann die Stunde seiner Rettung.

Zwischen den beiden Teilen liegen die Zäsuren des Jahres- und Ortswechsels. Damit einher gehen Veränderungen des Wetters: in Bern ist es angenehm mild und die Sonne scheint; in Zürich dagegen herrscht Schneetreiben und es regnet.

Der historische Ansatz Dürrenmatts wird von den Tatsachen gerechtfertigt. Das Konzentrationslager Stutthof – polnisch Sztutowo – lag, etwa gleich weit entfernt von Treblinka im Südosten und Ravensbrück im Südwesten, an der Danziger Bucht.

Gulliver vergleicht die Konzentrationslager mit Dantes Höllenvisionen und meint, es seien aber mehr gewesen, als nur neun wie bei Dante. Allein auf polnischem Boden befanden sich mit Maidanek (1.380.000 Tote), Auschwitz (400.000 Tote), Treblinka und Stutthof (jeweils 80.000 Tote) einige der berüchtigsten Vernichtungsstätten.

Im übrigen Europa und im deutschen Reichsgebiet war ihre Zahl Legion, darunter das KZ Birkenau, wo nach dem April 1942 ca. 1.750.000 jüdische Menschen in den Gaskammern ermordet worden sind.[43]

Verbürgt sind pseudowissenschaftliche medizinische Experimente, die unermesslich Opfer gefordert haben. Sie wurden unter anderem auf folgenden Gebieten ausgeführt:

Gelbfieber, Pocken, Typhus, Paratyphus, Cholera, Diphtherie, Giftgase, Chemotherapien in der Erprobung an Stelle von Tierversuchen, Tötung mittels Phenoleinspritzung, Unterkühlungsversuche, Höhenversuche, Zwillings-Forschung, Luftinjektionen.

Die Verbindung des KZ Stutthof mit Vivisektionen ist im Verlaufe der Nürnberger Prozesse zur Sprache gekommen: „Der Block 41 diente medizinischen Experimenten und Vivisektionen. In einem der speziell dazu eingerichteten Räume diente ein mit schräg liegenden Rillen

---

43   nach: SS im Einsatz. Eine Dokumentation. S. 153

zum besseren Blutablauf versehener Operationstisch aus Fayence Vivisektions-Operationen, die drei bekannte deutsche Professoren vor ihren Schülern ausführten. Die Versuche umfaßten jedes Mal 100 Opfer. Die Opfer waren gewöhnlich polnische Juden. Sie wurden von Stutthof auf Verlangen des mit den Versuchen betrauten Arztes geschickt und hatten keinerlei Kontakt mit den Häftlingen." „(Aus Dokumenten des Internationalen Militärgerichtshofs Nürnberg)"[44]

Die Methode, Leben zu versprechen für die freiwillige Teilnahme an Experimenten, wird gleichfalls bezeugt in den Protokollen des Nürnberger Gerichtshofs. Der Zeuge Lampe bestätigt bei seiner Befragung durch M. Dubost, dass in Mauthausen wie in allen Lagern wissenschaftliche Experimente an der Tagesordnung waren und fährt dann fort: „Der SS-Arzt, der diese Auswahl traf, (...) hatte zu ihnen gesagt: ‚Hier leben keine Juden. Ich brauche zwei junge kräftige Menschen für chirurgische Experimente. Ihr habt die Wahl, ob Ihr Euch für diese Versuche zur Verfügung stellt, oder Ihr werdet mit den anderen umgebracht.' Diese beiden Juden wurden in das Revier gebracht, dem einen wurde eine Niere entfernt, dem anderen der Magen. Dann erhielten sie Benzineinspritzungen ins Herz. Schließlich wurden sie geköpft. Ich habe bereits erwähnt, daß die beiden Schädel mit dem schönen Gebiß bis zur Befreiung den Schreibtisch des SS-Lagerarztes zierten."[45]

Der Vorwurf der Realitätsferne kann keineswegs auf den historischen Hintergrund des Erzählstoffes gerichtet sein. Und auch dies gehört ins Bild: Dürrenmatt schrieb seinen Roman in eine Zeitsituation hinein, die noch damit zu tun hatte, ihren Schock über die volle Wahrheit der Hitlerdiktatur zu überwinden. Die besänftigende Wirkung einer dämpfenden historischen Distanz hatte noch nicht eingesetzt.

---

44 ebenda, S. 349
45 ebenda, S. 377

So entstand der Eindruck, der Dichter habe gegenüber der Historie mehr Sorgfalt walten lassen als gegenüber der Psychologie seiner Figuren, die im Falle des alten Kommissärs obendrein Beachtung der physischen Situation nötig gehabt hätte. Dies reizt begreiflicherweise Einwände herauf.

Es musste zum Beispiel verwundern, dass die Bestätigung der tödlichen Krebsdiagnose den lebenshungrigen Bärlach überhaupt nicht zu berühren scheint. Auch die Entlassung aus dem Dienst, vor dem Hintergrund der eben erwähnten Mitteilung, immerhin ein Lebensfaktum von einiger Symbolkraft, lässt ihn augenscheinlich unberührt.

Wie sich Bärlach zielstrebig Tatsachenmaterial über Nehle verschafft, wie er dieses intellektuell verarbeitet und zu einem Situationsbild verdichtet, wirkt wohlmotiviert und in sich stimmig. Dass er dann aber ausgerechnet die Slapstick-Figur des Wortproduzenten Fortschig, diesen „Spinnbruder", zum Werkzeug einer ernst gemeinten und hochbrisanten Provokation erwählt, wirkt schlicht unbegreiflich. Bärlach wird hier in ähnlicher Weise schuldig wie bei der ursprünglichen Wette mit Gastmann und er schlägt seine eigene Maxime in den Wind: „...es ist nun eben wichtig, wie wir kämpfen und daß wir auch ein klein wenig klug dabei vorgehen." Er handelt nicht danach, weder mit der Auswahl Fortschigs noch mit dem aberwitzigen Entschluss, sich als vorgeblicher Auslandsschweizer in Emmenbergers Klinik verlegen zu lassen – ohne Plan, ohne Rückhalt, ohne die geringste Absicherung. Hier drängt wie von selbst die Assoziation herzu an die primitiven Täuschungsmanöver des Polizisten Tschanz.

Vollends aberwitzig und grotesk erscheint das nächtliche Wodka-Gelage des Juden Gulliver mit dem Rekonvaleszenten. Siebenmal wird Bärlachs Glas gefüllt, der Rest lässt sich nur ahnen, ehe der Fassadenkletterer mit der Hausbar (inclusive Gläser) unterm Kaftan sich nach zwei geleerten Flaschen wieder aus dem Fenster schwingt.

Mit der Schweizkritik und der Schweizdarstellung verhält es sich im „Verdacht" um Nuancen anders als im ersten Bärlach-Roman.

Der kritische Ansatz ist weiter gefasst und weniger vordergründig. Dass der KZ-Arzt die einst in Stutthof praktizierten Vivisektionen als Emmenberger im biederen Bern fortführt, illustriert gleichsam Bärlachs gegenüber seinem Widersacher bei der Aufnahmeuntersuchung geäußerte These: „Was in Deutschland geschah, geschieht in jedem Land, wenn gewisse Bedingungen eintreten."

Peter Spycher wertet in diesem Zusammenhang: „...Dürrenmatt hält im ‚Verdacht' seinen Landsleuten und sich selber, in den ‚düsteren Dschungeln dieser Zeit', nicht nur den faschistischen und nazistischen ‚Dschungeln', sondern auch den östlichen und westlichen nach dem Zweiten Weltkrieg, einen Sittenspiegel vor... Gulliver unterscheidet zwischen Peinigern und Gepeinigten, Bärlach überdies zwischen Versuchten und Verschonten: ‚Da gehören denn wir Schweizer ...zu den Verschonten, was eine Gnade ist und kein Fehler'."[46]

Jenes Wort von zweifelhafter Popularität, das die „Gnade der späten Geburt" ins Gerede gebracht hat, findet hier einen Vorläufer, wie man sieht.

Zum Lokalkolorit trägt die Hervorhebung ausgeprägten Bernertums bei: betrunken grölt Bärlach den Berner Marsch, die sture Sektiererin Schwester Kläri ist Bernerin; Fortschig gehört zur Berner Szene und endlich sind die Kontrahenten Bärlach und Emmenberger aus Bern. Die Erzählhaltung ist mit derjenigen des ersten Romans insofern identisch, als ein über den Dingen stehender Erzähler auch hier Distanz wahrt zum Helden des Romans, den er gelegentlich als „der fürchterliche Alte" (Noch ein Besuch) apostrophiert.

---

46   Peter Spycher, Friedrich Dürrenmatt. Das erzählerische Werk. S. 174

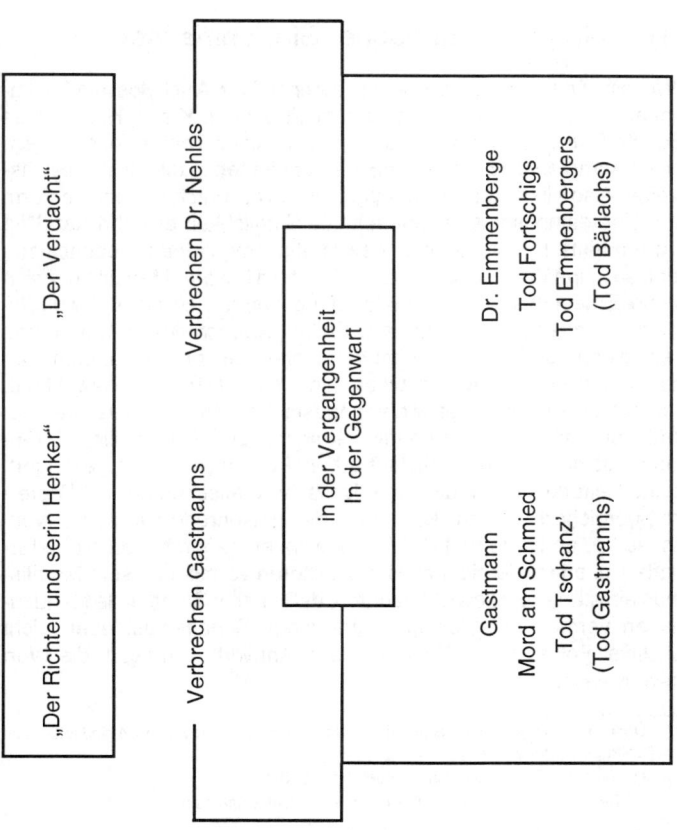

„Der Richter und serin Henker"   „Der Verdacht"

Verbrechen Gastmanns   Verbrechen Dr. Nehles

in der Vergangenheit
In der Gegenwart

Gastmann
Mord am Schmied
Tod Tschanz'
(Tod Gastmanns)

Dr. Emmenberge
Tod Fortschigs
Tod Emmenbergers
(Tod Bärlachs)

4. STIMMEN DER KRITIK[47]

(1) ... ein protestantischer Sinnenmensch

„Wer sind Dürrenmatts künstlerische Ahnen? Ein Aischylos, ein Shakespeare, ein Cervantes, Swift, Nestroy, Büchner, Kleist, Hieronymus Bosch, Brueghel; und wäre das mittelalterliche Theater noch lebendiger Gemeinbesitz – man müßte es erwähnen in dieser Vergleichsweise. Also alles barbarisch Kluge, alles, was durch irgendeine Form von ‚Protestantismus' hindurch seine Sinnlichkeit bewahrt hat. Wie Dürrenmatts Kunst aus den gewalttätig umgriffenen Gegensätzen lebt, so seine Welt, so seine Natur. Er ist ein heiterer Mensch, der sich keine Erkenntnis heutiger Gefährdung erspart. *Er ist ein unpuritanischer Protestant, ein protestantischer Sinnenmensch.* Wenn man sein Wesen und sein Schaffen betrachtet, denkt man manchmal an das, was die moderne Medizin an den Viren und Bazillen bewirkt hat: sie hat diese zur Gegenwehr angestachelt und nur ihre weniger kräftigen Stämme auszurotten vermocht. Die Sinnenfülle Dürrenmatts ist durch den protestantischen Puritanismus nur gesteigert, seine Heiterkeit durch die apokalyptische Weltschau nur mit Tapferkeit bereichert worden. Aber auch die Umkehrung gilt: seine Weltschau hat an Härte und Schärfe gewonnen dadurch, daß die naturhafte Heiterkeit sie nicht zu Harmonisieren vermochte; sein Moralismus ein stärkeres Gewicht dadurch, daß er aller Sinnenfülle standzuhalten vermochte. Alles an Dürrenmatts Schaffen ist eben nicht passive ‚Folge' dieser Welt, sondern ‚Antwort' – Antwort, die Wort geworden ist."

---

47 Überschriften und Unterstreichungen nicht im Original. – Die Zitate **1-4** sind folgenden Beiträgen entnommen:

  (1) Elisabeth Brock-Sulzer in: D. Keel (Hg.). S. 326

  (2) Reiner Poppe, Friedrich Dürrenmatt. Der Richter und sein Henker. S. 7

  (3) Peter Spycher, Friedrich Dürrenmatt. S. 48 f.

  (4) Ernst-Peter Wiekenberg, Dürrenmatts Detektivromane. S. 8 f.

  Vgl. Literaturverzeichnis.

(2) ... Moralist von hohen Graden

„Mit Erstaunen und Bewunderung muß man das künstlerische Werk F. DÜRRENMATTS, um den es hier geht, zur Kenntnis nehmen. Die Zahl der Ehrungen und Doktorhüte nötigt zu allem Respekt, selbst wenn man den Autor nicht sonderlich mag. DÜRRENMATT ist ohne Frage eine der schillerndsten Figuren der literarischen Welt unserer Tage, ein Experimentator und literarischer Vagant, ein Traditionalist und kühner Neuerer, ein Seher und Dulder, einer, der das Außen ergreift und das Innen enthüllt; hinter allem: Liebe und Hoffnung für den Menschen. F. DÜRRENMATT gilt als *Moralist von hohen Graden,* dessen künstlerischer Einsatz vielleicht nichts zur Rettung der Menschheit, sehr viel aber zur zwischenzeitlichen Besinnung auf Werte von Welt und Leben beigetragen hat."

(3)...Gerechtigkeit auf fragwürdige Weise

„Im Richter und sein Henker schloß Bärlach einst mit Gastmann eine Wette ab; angesichts der Unberechenbarkeit des Lebens behauptete Gastmann die Möglichkeit, Bärlach dagegen die Unmöglichkeit des ‚perfekten‘ Verbrechens. Die Wette als solche war für Gastmann eine Versuchung zu verbrecherischen Taten und dadurch, daß Bärlach sie einging, machte er sich von vornherein mitschuldig. Auch gewinnt Bärlach die Wette nicht; er muß schließlich zu Gastmann sagen: ‚Es ist mir nicht gelungen, dich der Verbrechen zu überführen, die du begangen hast, nun werde ich dich eben dessen überführen, das Du nicht begangen hast‘ – nämlich der Ermordung Schmieds. Tschanz hat aus kleinlicher Eifersucht Schmied, den privaten Helfer Bärlachs, in dessen letztem Kampf gegen Gastmann ermordet; nun benutzt Bärlach, als Gastmanns privater Richter, Tschanz, der damit rechnet, den Mordverdacht von sich auf Gastmann ablenken zu können, als seinen privaten Henker, indem er ihn dazu bringt, Gastmann und seine Diener in angeblicher Selbstverteidigung zu erschießen. Bärlachs Benutzung eines schuldigen Menschen als eines bloßen Mittels zu einem aus Torschlußpanik heraus geplanten privatrichterlichen Zweck ist eine sittlich *fragwürdige Art und Weise, Gerechtigkeit zu verwirklichen*; desgleichen sein Entschluß, diesen schuldigen Menschen einem Selbstgericht zu überlassen. Bärlach erweist sich nicht nur als ein gebrechlicher Logiker, sondern auch als ein überheblicher und schuldiger Verfolger, Ankläger und Richter. Er ist sich allerdings seiner persönlichen und der allgemeinmenschlichen Fragwürdigkeit durchaus bewußt; und das zeigt uns, wo Dürrenmatt steht."

(4) ... Abbau des Mythos

„Was Nietzsche in den ‚Schlüsseln der neueren Dramen' mit ihrer ‚irdischen Lösung der tragischen Dissonanz' entdeckt hat, läßt sich noch im Handlungsverlauf und im Handlungsgang des Detektivromans wahrnehmen: Er bieten ein Surrogat des ‚metaphysischen Trostes', den eine an den Mythos sich bindende Dichtung offenbar einst bereit hielt.

Gegen diesen mythisierenden Charakter des Detektivromans wendet sich Dürrenmatt, indem er den für die Gattung typischen Such- und Findungsprozeß – der die Fabel konstituiert – verdoppelt. Keine der beiden Such- und Findungshandlungen ist mehr geeignet, in sich selbst irgendeinen Sinn abzubilden: Beide werden von ganz persönlichen Motiven vorangetrieben; beide enden mit einer Gewalttat; keine von beiden ‚bringt die Welt wieder in Ordnung'.

Wer dem Detektivroman Dürrenmatts anti-aufklärerische Tendenzen zuschreibt, der erwartet offenbar, daß eine gegen die Aufklärung kritische Haltung direkt ein aufklärungsfeindliches Kunstwerk aus sich hervorbringen müsse und daß umgekehrt ‚aufklärerische Gesinnung stracks auf die Kunst übertragen' werde. Aber welche Intention Dürrenmatt immer verfolgt haben mag: Der Abbau der mythischen

Reste des Detektivromans ist ein Vorgang der Aufklärung und läge sie nur darin, daß dem Leser die falsche Rationalität der Gattung bewußt gemacht wird.

Der *Abbau des Mythos* wird freilich in dem ersten Detektivroman nicht ganz zu Ende geführt."

5. LITERATUR (-AUSWAHL-)

Dürrenmatt, Friedrich, Werkausgabe in 30 Bänden. Zürich 1980-1986 Gesammelte Werke in sieben Bänden. Zürich 1988

Dürrenmatt, Friedrich, Der Richter und sein Henker. Hamburg 1984 (2.600 Tsd.)

Dürrenmatt, Friedrich, Der Verdacht. Hamburg 1988 (1.400 Tsd.)

Dürrenmatt, Friedrich, Das Versprechen. München 12. Auflage 1988

***

Arnold, Armin, Friedrich Dürrenmatt. Berlin[4]1979

Arnold, Heinz-Ludwig, Text + Kritik. Friedrich Dürrenmatt I/II. München 1980/1984

Bänzinger, Hans, Frisch und Dürrenmatt. Bern - München 1960

Bänzinger, Hans, Friedrich Dürrenmatt. Materialien und Kommentare. Tübingen 1987

Bienek, Horst, Werkstattgespräche mit Schriftstellern. München[3]1976

Brock-Sulzer, Elisabeth, Friedrich Dürrenmatt. Stationen seines Werkes. Zürich[4]1973

Gertner, Hannes, Das Komische im Werk Friedrich Dürrenmatts. Frankfurt/M. - Bern - New York - Nancy 1984

Goertz, Heinrich, Friedrich Dürrenmatt mit Selbstzeugnissen und Bilddokumenten. Hamburg[4]1993

Jenny, Urs, Friedrich Dürrenmatt. München 1980

Keel, Daniel (Hg.), Über Friedrich Dürrenmatt. Essays und Zeugnisse von G. Benn bis S. Bellow. 4. Auflage Zürich 1990

Kienzle, Siegfried, (zu F. D.) in: Deutsche Literatur der Gegenwart. Stuttgart 1976, S. 390-417

Knapp, Gerhard P., Friedrich Dürrenmatt. Stuttgart 1980

Knapp, Gerhard P., Friedrich Dürrenmatt. 2. Aufl. Stuttgart 1993

Knopf, Jan, Friedrich Dürrenmatt. München⁴1988

Nusser, Peter, Der Kriminalroman. 2. Aufl. Stuttgart 1992

Rohitzer, Hans Gerd, Literarische Texte verstehen und interpretieren. Bd. III. München 1990

Reich-Ranicki, Marcel, Deutsche Literatur in Ost und West. Nachdruck der Neuausgabe von 1983. Darin: F. D. Der makabre Possenreißer. München 1985, S. 171-177

Sotiraki, Flora, Friedrich Dürrenmatt als Kritiker seiner Zeit. Frankfurt/M. - Bern 1983

Tantow, Lutz, Friedrich Dürrenmatt. Eine Biographie. München 1992

***

Berger, Thomas, Friedrich Dürrenmatt. Der Besuch der alten Dame. Hollfeld 1988 (Analysen & Reflexionen)

Hienger, Jörg, Lektüre als Spiel und Deutung. Zum Beispiel: F. Dürrenmatts Detektivroman „Der Richter und sein Henker". In: J. H. (Hg.) Unterhaltungsliteratur. Zu ihrer Theorie und Verteidigung. Göttingen 1976, S. 55-81

Jens, Walter, Literatur und Politik. Pfullingen 1963

Kant, Hermann, Nachwort zu: F. D. Der Richter und sein Henker – die Panne. S. 235-243. Berlin 1964

Knapp, Gerhard P., Friedrich Dürrenmatt. „Der Richter und sein Henker". Frankfurt/M. -Berlin-München 1983

Muhres, Michael, Dürrenmatts Begriff der Verantwortung. Frankfurt/M. 1974 (Diss.)

Poppe, Reiner, Friedrich Dürrenmatt. „Der Richter und sein Henker". Interpretationen-Vergleiche-Hinweise zur Unterrichtsgestaltung. Hollfeld 1989 (Analysen & Reflexionen)

Profitlich, Ulrich, Der Zufall in den Komödien und Detektivromanen F. Dürrenmatts. In: Zeitschrift für deutsche Philologie 90, 1971, S. 258-280

Schüler, Volker, Dürrenmatt. „Der Richter und sein Henker" – „Die Physiker". Hollfeld 1974 (Analysen & Reflexionen)

Schüler, Volker, Dürrenmatt. „Der Verdacht" – „Der Besuch der alten Dame". Hollfeld 1975 (Analysen & Reflexionen)

Seifert, Walter, Frisch und Dürrenmatt. Der Richter und sein Henker. Zur Analyse und Didaktik des Kriminalromans. Interpretation. München 1975

Spycher, Peter, Friedrich Dürrenmatt. Das erzählerische Werk. Frauenfeld-Stuttgart 1972

SS im Einsatz. Eine Dokumentation über die Verbrechen der SS. Berlin 1957

Träger, Claus (Hg.), Wörterbuch der Literaturwissenschaft. Leipzig 1986

Weber, Emil, Friedrich Dürrenmatt und die Frage nach Gott. Zur theologischen Relevanz der frühen Prosa eines merkwürdigen Protestanten. Zürich 1980

Wiekenberg, Ernst-Peter, Dürrenmatts Detektivromane. In: H-.-L. A. Text + Kritik (56), S. 8-19

***

Ferner wurden Lexika und andere Nachschlagewerke benutzt.